CUNEI

F●RM

铸 刻 文 化

單 One-way
讀 Street

许知远◎著

十三邀

你愿意活出
什么样的世界

Your Actions, Your Answers

广西师范大学出版社

·桂林·

你愿意活出什么样的世界
NI YUANYI HUOCHU SHENMEYANG DE SHIJIE

责任编辑：郑伟
特约编辑：胡晓镜　王家胜
封面设计：山川制本 WORKSHOP
内文制作：李俊红

图书在版编目(CIP)数据

你愿意活出什么样的世界 / 许知远著. -- 桂林：广西师范大学出版社, 2024.11(2025.4 重印). -- (十三邀). -- ISBN 978-7-5598-7416-0

Ⅰ. K820.7

中国国家版本馆CIP数据核字第202467RV40号

广西师范大学出版社出版发行

广西桂林市五里店路9号　邮政编码：541004
网址：www.bbtpress.com
出版人：黄轩庄
全国新华书店经销
发行热线：010-64284815
山东临沂新华印刷物流集团有限责任公司印刷
山东临沂高新技术产业开发区工业北路东段　邮政编码：276017
开本：787mm×985mm　1/32
印张：11.25　字数：189千字　图：65幅
2024年11月第1版　2025年4月第3次印刷
定价：56.00元

如发现印装质量问题，影响阅读，请与出版社发行部门联系调换。

自序
多重的语言

许知远

如果一直旋转，你会觉得自己飞起来了。

一种未曾体验过的畅快，甚至生出某种幸福，你能摆脱生活的引力。你随即发现，这幸福难以承受，它化作失控的晕眩。你想停下来，却失去了掌控力，你摔倒，尾骨生疼，眼镜也不见影踪。

你大口喘气，晕眩逐渐离去，神志再度清晰。幸福消退却并未离去，一种恬淡留在心间，引诱你再度体验。

在上海舞蹈学院的教室里，我体验到久违的欢愉。尽管没能对芭蕾产生深入的理解，与谭元元的相遇，却给了我一个理解自己的契机。旋转、失重的幻觉，带来一种意外的自由，笨拙让你跳跃出熟悉的范畴。

相似的感受也发生在八角笼中。我无处可逃，李景亮大声叫喊，要直面对手，越躲闪越被打，我感到，挥出的拳头越聚焦，内心就越专注。随杨扬在冰面上滑行时，连摔两跤，脚下反而感到释然。我也记得，温州老板端上猪头肉时，陈晓卿的灿烂笑容，我试着像他那样辨别，哪种滋味更加诱人；还有在韩红的工作室中，肖斯塔科维奇带来意外的放松，这是她更熟悉的方式……

忘记是在哪一刻，我意识到了《十三邀》对我的改变。言谈重要，却非唯一；思想具有多重的表达，你的表情、舌头，你起身跳跃或突然沉默，皆至关重要。空间的变化也必不可少，人人都有不同面孔，在写字楼、路边摊、废弃的工厂、深夜的海面、飘荡爵士乐的酒吧，同一个人常常迥然不同。进入他们的空间，理解他们的语言，感受他们的舒展，将他们带入陌生之境，意外的丰富常常意外到来。

相遇是一个切面，它带有过去，亦映射出未来。提问是某种雕刻行动，提问者要在纷繁的信息中塑造出某种逻辑，要试着打破受访者凝固的话语，令被忽略的旁枝蔓延而出，呈现出另一种面貌。我也感觉到，自己同样被雕刻，对方的勇敢、坚韧、迟疑、突然的浪漫，也不可避免地内化为我的一部分。

我曾是印刷文本的崇拜者，认定世界纵有千般风景，只有被写成一本书，才具有恒久价值。很长一段时间，我不认为这个节目是我的作品，它只是我对日常的逃逸，是进入另一种人生、另一个时空的通行证。逐渐地，我意识到，它不仅是我的作品，或许还是尤为重要的一个。比起深思熟虑，即兴表达更符合我的天性；相较于独自面对故纸，鲜活的现场、拍摄后的大排档夜晚，更令人欢欣。

我也日益意识到，书写是多重的，文字只是其中一种。它是有机复合的，不同的语汇交错融合；它常常前后矛盾，在某些时刻达成共识，又奔向下一个冲突。它就如你的人生，没有连贯的逻辑，被种种偶然所塑造。在这偶然中，你铸造出自己意义的扁舟。它注定一刻不停地漂荡，与无穷的他者相逢。

这也给你另一种信心。你并非独自言说、孤立行动，你是过往回响的继续，是喧哗众声的一员，也注定延续到未来。在新加坡拜会王赓武先生后，我意识到，历史是一个巨大的存储器，所有人的努力与情感皆不会消失，它们一直在那儿，等待被另一些人发现，在另一个时空再度绽放。

这套丛书收录了《十三邀》第五季至第七季的对话。回看这些对话，很难相信它们发生在2020—2023年之间。它们也让我相信，方寸之间依然能够创造出可能性，而行动，本身就是答案。

正是依靠一个值得信赖的团体，我这随时到来、随时消散的好奇心，才有了立足之地。它必然是一个集体的产物，所有受访者的慷慨与丰富，给予它最初的基石。作为常年的搭档，李伦仍是主要基调的设定者，制片人婵娟与苗苗、可迪团队，则带来了新的耐心、敏锐与笃定；摄影指导小山，陪我从第一季漫游到第八季，他的热忱与好奇心从未退却。导演东东与叶子，常带来意外的感受。从新力到建玺，录音师总带来一种特别的信任。振海与继冲保持了一贯的控制力，后者正面临人生的意外挑战，我无比期待他再度加入新的漫游。

倘若没有我的助手赵艺的精准与弹性，我断然无法完成这繁杂的工作，她日益成长为一个成熟的制片人，她与左左、书玉、琼楠、晓璐构成我的坚定支持。

沃尔沃与腾讯视频值得特别致意，袁小林先生与孙忠怀先生的理解力与价值判断，给节目带来持续的稳定。

比起最终呈现的节目，这个文本更为丰富厚实，更多地保留了对话自然流淌的质感。翻阅这些印在纸张上的对话时，我承认，我常感受到新的鲜活。这有赖于铸刻文化团队的努力，晓镜的理解力常常带来惊喜。左左也在文字编辑方面着力甚多。

2024 年 9 月

十三邀 Ⅱ

你愿意活出什么样
的世界

目录

王笛

普通人也可以碌碌有为

王笛

1956 年出生于成都

1978 年考入四川大学历史系

1985 年硕士毕业后留四川大学历史系任教

1987 年破格成为四川大学副教授

1991 年赴美留学

1998 年获约翰斯·霍普金斯大学博士学位，毕业后任美国得克萨斯 A&M 大学历史系教授

现为澳门大学教授

著有《跨出封闭的世界》《街头文化：成都公共空间、下层民众与地方政治（1870—1930）》《茶馆：成都的公共生活和微观世界（1900—1950）》《袍哥：1940 年代川西乡村的暴力与秩序》等

在火锅店里，王笛回忆起初到美国时的窘迫。在一场众人期待的演讲中，这位年轻的来自中国四川的历史学者不仅没能清晰地表达出自己的观点，更发现自己的英语几乎没人能听懂。

三十七岁的他决定留下来，放弃四川大学的教职，攻读博士学位，用英语写作论文。我感到自己呼吸的紧促，在剑桥与伯克利短暂访学过的我知道，这是个多么艰难的、英雄式的决定。他成功了，一系列英文著作，从成都的街角社会到茶馆、袍哥，不仅在美国一流大学出版社出版，还赢得一系列奖项。某种意义上，他在英文世界创造了一个关于成都市民空间的小世界，你可以从中感受到中国人的日常以及面对的历史洪流。

在成都的小巷中，我和王笛闲步、喝茶，还第一次品尝了兔头，滋味意外地诱人。偶尔，我觉得历史并未中断，李劼人笔下的日常，仍活跃在四周。我对王笛充满感激，这座城市的记忆能够复活、延续，那些总被忽略的平民的声音能够被人听到，其中有他的努力。

我从来没气馁过，
失败了，继续进行

许：小时候您对成都是什么感觉？

王：那个时候对成都的感觉一点都不好。尤其是成都的秋天，我现在还记得，非常压抑。

许：现在不就是成都的深秋吗？

王：那会儿和现在感觉完全不一样。原来成都到处都是梧桐树，一到这个时候，秋风扫落叶，天气又阴湿，不像现在有空调，冷了也不怕。

许：现在每次回成都有什么感觉呢？

王：比较复杂，我 1991 年离开成都去美国，中间六年没有回国，机票太贵了嘛。我还记得我第一次回来的时候，父母很激动地告诉我，春熙路又重修了，伊藤洋华堂又开了，哪里哪里又盖了新楼。我们家对门是大慈寺，后面一大片平房，非常有老成都味，结果有一次回来发现，整个大慈寺后面拆完了，全部修成那种仿古建筑。我父母他们住在对门，看到这个变化，很开心，觉得这些老房子有什么好的，卫生条件又差，街道又小。我父母的这种感受其实代表了当时很多人的感受，拆迁对那些住户来说是一个机会，可以搬到新的地方去住。但是有一个问题，作为城市规划者，不能简单像市民这样看，在改善居住条件的同时，要考虑到成都的格局。就像北京的四合院，虽然老，虽然旧，但它是文化的一部分。

现在我这个老成都回来，已经找不到方向了，原来的小街小巷都没有了，我认为小街小巷是成都文化的一种载体。

许：它们是真正的毛细血管。

王：对啊，现在几乎看不到过去的影子，最多有一些遗迹，杜甫草堂、武侯祠，但是和日常生活已经没什么关系了。

许：小时候那种皇城[1]和满城[2]的遗迹还有吗？

王：我读小学的时候皇城还在。小学三年级，"文革"刚刚开始，学校把我们这些小学生全部组织起来去

[1] 公元 1378 年，明太祖朱元璋册封最宠爱的第十一子朱椿为蜀王，后建蜀王府，百姓称之为"皇城"，在今成都市中心天府广场一带。

[2] 清政府平定三藩之乱后，成都地区的八旗兵逐渐增多，1718 年清政府在成都城西部为八旗兵及其家属专门修了"城中城"，称"满城"，由于处在战国张仪修建的少城遗址上，又称"少城"。

拆皇城，我也参加了。现在天府广场那一带就是皇城的旧址。

许：那满城是在哪里呢？

王：你看地图的话，满城在左边，人民公园就属于满城了。晚清时满城占的地蛮大，但人口比较少，加上到了晚清，这些满人已经没落了，满城就像农村一样，自然条件非常好，所以晚清那会儿就修建了公园，也是受西方和日本影响。当时叫少城公园，这是成都第一个公园。现在的宽窄巷子这些都属于过去的满城。

许：果然满城都是休闲娱乐的地方。成都的悠闲可能很大一部分是由满族人带来的，北京的悠闲就是旗人带来的嘛。

王：是有这个可能性。

许：刚刚说到小学三年级"文革"开始，整个少年时期赶上这么一个动荡时代，那个时候对人生的期待是什么呢？

王：我还是有那种不能虚度人生的感觉，从小就没有在那里闲待着，用"手不释卷"来形容我还是很恰当的。我记得那个时候买什么都要排队，排队我肯定要拿本书，要不就觉得难受。但是后来下乡，我没有带一本书，没有书啊。

许：刚去下乡插队是什么感觉呢？

王：我下乡的唯一目的，就是为了能够作为"工农兵"上大学。

许：当时上大学只有这一条途径吗？

王：唯一的途径。我哥哥已经去了云南生产建设兵团，按照当时的政策，如果两个子女，已经走了一个，另外一个可以留在成都，但问题是留在成都的话，不一定给你安排工作，而且读大学是毫无可能。我就想，如果到农村去，表现得好的话，也有被推荐上大学的希望，所以我自己要求下农村，到了苏东坡的家乡眉山。眉山原来是很富的地方，但是我下去的时候，那里已经很穷了，当然比很多山区还是好多了，交通也方便，可以坐火车，走个二三十里路就可以到火车站。

许：那算好的。

王：对啊，像我哥哥回来一趟，在路上要好多天的，那时候他在中缅边境。

许：那您后来为什么又回到成都砖瓦厂工作？

王：我不是自己要求下乡嘛，结果下了乡以后才认识到，实际上读大学的希望很小，因为到了农村也是要靠推荐。后来我父亲单位有一个招工名额，就是招回铁路局基建分局的砖瓦厂。别人招了工要回成都，肯定是很兴奋的，我一点兴奋感都没有，我是一种无奈。

许：当时在砖瓦厂的工作是什么样的呢？

王：那种重体力活，其实跟农村也差不多。当时的粮票是定量的，普通居民每人每月 26 斤，我们的粮票是 46 斤，看到这个对比，就知道这个劳动有多重了。而且里面温度特别高，火在前面烧，你在后面装，哇，到三伏天的时候，那简直热得！我在砖瓦厂的时候，大病过一次，可能就是劳动强度太大。

许：那时候您多大岁数？

王：我 1976 年去的砖瓦厂，差不多 20 岁。

许：那么年轻，日子就消耗在那里，会感到绝望吗？

王：也不是说感到绝望，我总觉得好像只要努力，非常努力，就还有希望。早上上完四个小时班，从八里庄骑着自行车，骑到春熙路附近的成都市群众艺术馆，干什么呢？学画画，当时我一心要成为一个画家。我母亲是绘画的，她在成都美协，我就跟着她画，所以我从小就有这个爱好，在学校里头就画墙报什么的。

许：所以您本来应该走何多苓 [1]、周春芽 [2] 的道

[1] 何多苓（1948—），生于四川成都，中国当代抒情现实主义油画画家的代表，"伤痕美术"代表人物。20 世纪 80 年代初，何多苓即以《春风已经苏醒》《青春》等作品轰动一时。何多苓访谈见《十三邀 II：人生的定义性时刻》。

[2] 周春芽（1955—），画家，生于重庆，1982 年毕业于四川美术学院，1988 年毕业于德国卡塞尔综合大学自由艺术系。代表作有《中国风景》《红石图》《绿狗》等。

路，是吧？

王：我跟你讲，当时周春芽是我们一起玩的小伙伴，我们上中学的时候一起考美术学校，周春芽考上了，我没有考上，非常嫉妒。（笑）很多年以后，我妈遇到招考的人，他说当时王笛其实考试成绩是达到了要求的，但是政审没有过关。那个时候我已经在川大当副教授了，我妈觉得我混得很不错了，还开玩笑说感谢你们没有录取他。我妈一直认为，我学画没有多大前途，缺乏想象力。

许：您听到妈妈的评价什么感觉？

王：我也认同的，我画画绝对画不到周春芽的水平，我缺乏才气。但这个绘画的技能救了我。砖瓦厂工作太辛苦了，就是因为有这个一技之长，可以刷大标语，可以画宣传画，我后来才能从砖瓦厂调到铁路局基建分局的工会。

许：那时候工会是好工作。

王：是的，工会有免票，你可以上任何一趟列车，到任何一个地方去，全国到处跑。那个时候物资紧缺，在工会的时候，三天两头就分什么猪下水、猪头肉，非常好的待遇。待遇好到这个程度，我父母都觉得，如果我考了大学，可能毕业以后还找不到这样的工作。他们都是大学生，大学对他们来说没有什么吸引力。

所以 1977 年恢复高考的时候，我没有考。我现在还记得，高考那一天，我在上海出差，那一天给我深深的刺激，每个学校都在考试，这些年轻人都在进考场，哎呀，我当时觉得好像被世界抛弃了。我就在那一刻下决心，明年一定要考。但是我没有敢告诉我父母，我怕他们一劝我，我又改变主意怎么办。

许：当时是个乖小孩。

王：对，那个时候我很听父母的话的。我就偷偷准备。我是住在单位的嘛，他们也没发现。一直到考完了，第二天早晨才告诉他们，其实他们也很高兴的。

许：当时报考的就是历史系吗？

王：当时我想考美术学院，但是掂量了一下，觉得不行，就退一步，干脆考中文系，以后可以走和艺术有关的美术评论的路。那个时候我已经开始写了，挣点小稿费。结果成绩一公布，我的历史几乎满分，我都不知道是怎么回事，反正歪打误撞的，为了保险起见，我就报了历史，所以川大历史系是我的第一选择。

许：七八十年代那会儿，川大是什么气氛？

王：非常刻苦。当时宿舍晚上 11 点熄灯，哗一声把闸拉了，大家打着手电在被窝里继续读书，就觉得每分钟都太珍贵了。还有一件事情我印象很深刻，1979 年的 11 月份，那天我们上政治经济学课，77、78 级在大阶梯教室一起上，可能两百多人。因为教室太大了，就有扩音器，中间休息的时候，老习惯，把收音机打开，大家可以听新闻。当时中央人民广播电台正在播中美建交的新闻，哗哗大家一起拍掌，那个就代表了当时年轻人的一种心态。

许：非常振奋的心情。

王：对，觉得中国已经进入新的阶段，中国又有前途了。

许：当时周围同学的年龄很参差吧？

王：很参差。我进大学的时候，是 22 岁，班上年纪最大的是 32 岁，最年轻的是从初中直考入大学的，16 岁。那个时候中文系和历史系特别热，我们都是考试最好的那一批人，里面很多人真的是很厉害的。当时真有"谈笑有鸿儒，往来无白丁"的感觉。

许：跟砖瓦厂完全不一样。

王：完全不一样，因为那个砖瓦厂里据说好多是劳改后重新就业的。两个截然不同的世界。

许：那个年代能够脱颖而出的人，真不容易，大部分人在那么艰苦的环境下是出不来的。

王：对啊，好多人连读大学的机会都没有，我哥哥就没上大学，他比较聪明，后来学摄影，所以也做得不错。但绝大部分就没有这样的机会。

＊ ＊ ＊

许： 硕士毕业后，您留在川大教书，很快就成为川大的副教授，而且是川大最年轻的副教授。然后1991年，您离开川大去到美国，重新当回学生，这是为什么呢？

王： 当时我刚写完第一本书，就是《跨出封闭的世界》，那本书写完，我真的有江郎才尽的感觉，我很苦恼，这个是我毅然决然出国读书很重要的原因。最开始我在密歇根大学做访问学者，为期一年。一年一晃就过去了，我不甘心就这么结束了，另外在那里当访问学者，没有经过严格的学习训练，真的学不到本质的东西。所以访问学者结束后，我就留在那儿读书。

你想我是1985年川大毕业，1987年当上副教授，才31岁，很年轻，属于破格提升，后来在美国，到42岁才成为助理教授，然后副教授、正教授。我记得那时候每次回来，别人都不好意思说我是副教授，就说是终身教授。学术界是谁总结的，如果介绍谁是终身教授，那肯定是副教授。（笑）

许： 所以当时能做出出国读书这个决定，我真是挺佩服的。刚去美国，最大的挑战是什么呢？

王： 最大的难关是语言。当时国内英语教学水平确实有限，我基本上靠自学，而且学出来几乎是哑巴英语。我 35 岁出国，跟我一起上课的那些都是刚进入大学的，18 岁，那种感觉真是……和人家对话根本就跟不上的，真的是硬着头皮。

许：那一下得克服多少自尊的需求呀！王老师我遇到您晚了，我 33 岁的时候，在剑桥做访问学者，我应该留下来读读书。那时候我英语听说还可以，但是写作很难，就退缩了。

王：你早遇到我，我绝对鼓励你，一点不晚。你知道，我做访问学者的第一次陈述就是一个滑铁卢。按照规矩，访问学者要在那里做一次 talk。我一点概念都没有，英语又差，既不能写也不能说。有人建议你是刚完成了一本书稿——就是《跨出封闭的世界》，那个时候书还没出——你就干脆介绍一下这本书。我当时就讲了一下这本书，这犯了一个绝大的错误。

因为在西方，你的 talk 必须要有明确的主题。我那本书多么庞杂。完全失败。我记得费维恺[1]问我关于人口的问题，我既听不懂也不知道怎么回答。关键当时我合作的教授找了密歇根大学中国研究中心的一帮教授来

---

[1] 费维恺（Albert Feuerwerker，1927—2013），美国历史学者，密歇根大学中国研究中心创建人，师从费正清，曾与费正清共同编撰《剑桥中华民国史·下卷》。

听我的陈述。我就记得一屋子人，还有前驻中国大使。别人来看你的展示，结果问题听不懂，听懂了不知道怎么回答，非常尴尬。

我现在还能感觉到那个失望。我不是对自己失望，我觉得让别人失望了。所以很多人说我如何顺利，其实这些都是失败。

许：这一关很难过的。

王：但是我从来没气馁过，没有觉得这个饭我吃不下来。失败了，继续进行。我到47岁才出版第一本英文著作，就是《街头文化》那本书[1]，做历史，特别是用英文写，非常折磨。而且像斯坦福这种一流大学出版社要求非常高，那也得硬着头皮上，因为你不能退。好多人可能最后算了，就找一个二流出版社或者商业出版社出了。我不行，我不愿意做这个妥协，宁愿反复改，反复改。

许：而且写作您算半路出家的。

王：对，四十几岁才开始学习写作。所以《街头文化》那本书，还不算上研究，写，修改，整整12年，从头到尾，整本书改了十几遍，其中的甘苦……真的是

[1] 原著名为 *Street Culture in Chengdu*，由斯坦福大学出版社出版。中文版名为《街头文化：成都公共空间、下层民众与地方政治（1870—1930）》，李德英、谢继华、邓丽译，中国人民大学出版社 2006 年出版。

对精神的一种考验。

许：但还是值得的，这本书后来获得"美国城市史研究学会最佳著作"。从《跨出封闭的世界》到写《街头文化》，包括在美国读书期间，您师从罗威廉[1]，这中间您的史学观有什么变化呢？

王：我的导师罗威廉有两本关于早期近代汉口的书，对我影响非常大。他通过写汉口，引出关于 public field 也就是公共领域的讨论。这里的公共领域实际上是指私与官之间的社会领域，它并不是对抗国家的。过去我们不注重这种社会层面的空间，要不就是个人，要不就是官，一旦把公共领域的概念引入以后，就会发现，在传统中国社会，社会本身有很大的活力，不是由官方垄断一切。比如罗威廉说的公共领域，就是指清代的善堂还有同业公会之类，这些东西一直存在的，清之前就有。过去国家能力比现在小很多，但是社会能够正常运行，就是因为有这样一个领域。

这个视角对我影响蛮大的，我写《跨出封闭的世界》时，着重讲的是怎样从传统到现代化的过程，而且对现

[1] 罗威廉（William T. Rowe, 1947— ），美国约翰斯·霍普金斯大学历史系教授，东亚研究中心主任，当代美国最有影响的汉学家之一。代表作有《红雨：一个中国县域七个世纪的暴力史》《汉口：一个中国城市的商业和社会（1796—1889）》《汉口：一个中国城市的冲突和社区（1796—1895）》。

代化过程的评价是很积极的。那时候整天看政治经济的变迁，看到的都是国家大趋势。实际上那还是一种精英史观。到美国以后，转入成都的研究，我就开始进入微观和日常史观。就开始思考，如果我是一个普通人，在现代化的浪潮之中，我会受到什么影响，我会做出什么反应，这是非常重要的一个转变。你不能只站在国家视角上——站在国家视角上确实有合理性，但问题在于历史研究是以人为主体，还是以国家为主体，这是个根本的史学观问题。

我现在说的"国家"是 state——国家机器，和我们说的 country——地缘的国家，和 nation——作为民族的国家，是不同的，但是中文把这三个概念完全混到一起，都翻译成"国家"，这个是大的问题。

许：可能厘清吗？这个问题已经困扰大家很多年了。

王：必须厘清，不厘清的话，就会影响到我们对历史的认识和对现实的认识，比如你批评政府，他说你反对国家。所以这些年我不断地在思考，我们怎样认识state，这个 state 在我们近代到底扮演了什么角色，才激发我写《街头文化》《茶馆》《袍哥》，表面上看来我是写下沉民众，写大众文化，其实更深的原因是要回答，在时代的变迁之中，国家、社会、个人的关系，到底怎么回事。

许：这一切特性在茶馆的变迁里面都会表现出来。

王：茶馆是一个窗口，透过它基本上就看得到时代和政治的变迁，矛盾冲突或者和谐。你可以看到各种同业公会在茶馆里活动，你看得到警察，看得到军人，还有很多知识分子的活动。像四川保路运动[1]爆发以后，很多人就到茶铺中间去演讲，这个茶铺讲完到另外一个茶铺，然后呢，新政府就派了很多密探坐在茶铺里面搜集情报。

许：那明天跟着您去坐茶馆，再听您讲茶馆和袍哥怎么回事，国家、社会和个人的关系到底怎么回事。

王：好，明天逛。

---

[1] 1911年5月清政府颁布"铁路干线国有"政策，将已归商办的粤汉铁路、川汉铁路收归"国有"，并与英、法、德、美四国银行团签订《湖广铁路借款合同》，清廷的行径激起各地人民反对，四川斗争尤为激烈。下文有详细介绍。

茶馆不适合轰轰烈烈的时代，
茶馆就是很日常的

许：这个茶馆太有感觉了。

王：这个地方大概是全中国最有名的茶馆。有一部电影叫《成都我爱你》，把这里作为背景，电影没有出名，这个茶馆成了打卡的地方。其实观音阁原来是个庙，清代建的，民国初年改成了茶铺。

许：所以这就是李劼人[1]写的茶馆的感觉，是不是？

王：绝对的。李劼人眼中的茶馆就是这样，你看高高的房梁，没有天花板，直接就是瓦房。这些地方很透气的，一抽烟，烟雾层层都没有问题。你看这种烧水的老虎灶，一个一个的火眼。

许：这太有意思了。

---

[1] 李劼人（1891—1962），生于四川成都，文学家、翻译家，代表作有《死水微澜》《暴风雨前》等。作品中有很多人物活动以茶馆为背景。

王：再看看那边打扑克的大爷……我给你讲一个好玩的事情。疫情期间我困在澳门，整理 2019 年在茶馆拍的照片，看到一位大爷，我想怎么那么面熟呢？我在 2015 年去过一次，就把那年秋天拍的照片一张一张翻出来看，那不就是他吗？相差四年，我随便照的，同一个人在镜头里边。我觉得有故事，就想马上回来搞清楚。但当时回不来，就找了一个川大的研究生，让他到观音阁茶馆来，看能不能把照片发给这个大爷，他来的第一次就找到了，姓甘，甘大爷。

许：太神了。

王：还有呢，我 2021 年夏天来这里，都没有约，他还是在这里，一边喝茶一边打扑克。而且，他的对手也从来没有变过，叫胡大爷。甘大爷的面部特征很强，所以他留在了我的记忆中，但是胡大爷，我没注意。最后我查照片才发现，他们每次都是对手方。时间对他们来说好像是凝固的，无论哪一天，只要你中午 12 点以前来，他们都会在这里，都在打扑克，一辈子的对手。

许：他们真的是不知魏晋的。

王：对。还有个好玩的事情，应该是 2000 年的春节，一个 97 岁的老人，钟大爷，早上 4 点钟，想来这儿吃早茶，没有开门，他在门口辗转，就是不愿意离去。那是冬天的早晨 4 点多钟啊。这个过程怎么被记录下来

了呢？我们成都有个非常有名的摄影家，叫陈锦[1]，他拍过一系列的茶馆，那天就把这个过程拍下来了。有的老人在这儿喝了一辈子的茶，去世后家人送葬的时候，要在这茶馆给他再买一碗茶，进献，再把他送走。

许：茶馆成为他们生命的一部分。

王：是，这个就是他们每天的精神依托。民国时期有些夸张一点的，早上起来不洗脸就过来吃早茶，因为家里没有热水，就在茶馆里边洗脸，然后到了晚上，看了戏、听了评书、洗了脚以后才回家。

许：等于从洗脸到最后洗脚都在茶馆。

王：所以那个时候有的人说茶馆就是他们半个家。

许：您小时候，五六十年代时，民国时期的那些茶馆已经基本消失了吧？

王：还有。1949 年的时候，成都应该有六百多家，逐步到"文革"以前就只有一百多家，而且大多数是由集体所有，到了"文革"，"破四旧"的时候就关掉了。但是我记得人民公园里的茶馆是开着的。小时候父母就坐在茶馆里等着，我们小孩就出去玩。

其实研究茶馆之前，我不坐茶馆的，当然同学朋

---

[1] 陈锦用两年多时间拍摄数百家茶馆，遍布川南、川东、川西、川北的上百个市县场镇。参见《茶铺》，陈锦著，四川美术出版社，2008。

友聚会，会约到某个茶馆碰面，这个是成都约会的基本模式。

许：真的意识到茶馆是一个可值得研究的课题，它具有那么强的历史意义，是什么时候？

王：还蛮早的，我在写《跨出封闭的世界》时，就已经关注到茶馆了，里边有两三页是关于茶馆的。那个时候我还想多写一点，问题在于没有资料。我当时主要用两份资料，一个是傅崇矩[1]的《成都通览》，一个是一位叫陈茂昭[2]的老人的回忆。你想，茶馆到处都可以看得到，对成都人生活这么重要，居然正儿八经的资料你又找不到，所以我只写了两三页。但是我觉得这个课题值得研究。

到了美国，写博士论文的时候，我已经在考虑茶馆是不是作为一个选题了。当时我有三个选题：街头文化，茶馆，还有就是袍哥。然后我就去找罗威廉，他觉得街头的大众文化是很好的选题，而且这方面的资料比较多，所以就定的是街头文化。我当时写的题目是

---

[1] 傅崇矩（1875—1917），光绪二十六年（1900）于成都创办第一家公众阅览室，出版第一张科学性报纸《算学报》，民国二年（1913）创办成都第一家民办报纸《通俗启蒙报》。著有《成都通览》《川省赴会之程途》《中国历史大地图》等十余种著述。其中《成都通览》近70万字，对清末成都的风土人情、物产、饮食习俗、大餐馆、炒菜馆都有详细介绍。

[2] 参见陈茂昭：《成都的茶馆》，《成都文史资料选辑》第4辑。

popular country and street，只是在表述的时候为了简单化，写成 street culture，但是罗威廉很敏锐，他说 I like street，最后把它作为论文的标题。

在收集街头文化的资料时，好多关于茶馆的资料，我就一起收集了。那个时候我就想，我的下一个研究计划，就是茶馆。后来我拿了一个人文基金，资助我回成都一年，我就用这个基金在成都档案馆看了一年的资料。虽然没有专门的茶馆卷宗，但是它散布在各个卷宗里面，比如说商业登记档案。因为茶馆里有纠纷，有打架，所以警察局档案里也有，记录得很详细。详细到什么程度呢？打烂了多少茶碗，打烂了多少茶碗盖，打烂了多少碗菜，都有。这些看起来只是清单，但是通过这些档案，我就知道茶馆需要这些，需要那些，然后一步一步去捞。

许：那个时候档案馆里是什么气氛？

王：一个不大的房间，经常就我一个人坐在那里。它收得蛮早的，上午 11 点半就要收，下午要两点半才开，中间三个小时，我就出去吃饭，然后去坐茶馆，周围大大小小的茶馆我都坐过，最差的就是那种茶棚。

许：所以您跟茶馆真正发生感情是在那个时候？

王：对，就是在研究的时候。

许：《茶馆》这本书出版之后，中国读者对它的反应很强烈，这让您感到意外吗？

王：确实很意外，当时出的时候也没有怎么宣传，其实没有大红大紫，但是慢慢慢慢不断被读。

许：后来您不断写茶馆，形成了一个茶馆宇宙。《茶馆》似乎已经慢慢变成成都这个城市的一个符号。

王：我不敢这么说，但是的确很多历史学界之外的人读它，人类学的、社会学的，包括建筑学的人，都叫我去做讲座，完全超出我的专业本行。这个确实是我没想到的，能够跳出历史，而且是跳出地方史，大家不会把它作为一个地方史的写作，虽然它写的就是成都。

许：您觉得这是什么原因呢？

王：我觉得还是史学观的改变。越来越多的人认同，你不能只讲国家，你看在《茶馆》里，讲人，讲社会，国家讲得不多的。过去我们很容易沉浸于宏大叙事，像茶馆，在一般人的概念里，就是在那里喝茶，能写出个什么名堂来？但我并不认为这种日常的、不是大叙事的历史写作就不重要，同等重要。我在写《茶馆》的时候，还没有任何历史学者研究茶馆，我觉得可能这增加了一种新的视角。

许：那您觉得茶馆的什么历史内核最触动您呢？

王：还是昨天谈到的那种社会的自动运行能力。你看国家在不断介入，有些时候，甚至连茶馆的开放时间都要规定的，茶的价格也要规定的，但是这种小生意，能在夹缝之中用各种方法生存——其实它们生存条件并不好的，但是能够生存下去，甚至在一定程度上还能有所发展，能够应对各种时局的变化。不管兵荒马乱也好，不管改朝换代也好，还是照样卖茶，照样要喝茶的。像现在，一旦允许开，马上开。而且这些老客人马上就会出现，就像甘大爷他们。因为他们也在等着。

许：如果没有这个茶馆的话，他们的生活也被打乱了，他们也有他们的节奏。

王：对呀。过去讲历史，我们经常用比较积极的讲法，进入轰轰烈烈的时代，但是茶馆不适合轰轰烈烈的时代，不适合做大事的时代，因为茶馆就是很日常的。你看我在《茶馆》第一本里就说，最后一个顾客在关门之前，离开茶馆，但他不知道第二天就要跨进一个新纪元了。他不知道未来会发生什么，因为这个社会进入一个轰轰烈烈的时代。《茶馆》的第二本就是从这个轰轰烈烈的时代开始讲。

许：第二部尽管是同样的主题，但是是一个突变的故事。

王：对。西方人老喜欢问，你两本书讲茶馆到底要说明什么问题？在第一本《茶馆》里我要讲，国家文化怎样影响到地方文化，而地方文化怎样应对国家文化，这样一个不断博弈反复的过程。那么第二本《茶馆》要讲什么问题？我要讲的是国家权力怎样影响了我们的日常生活，成为一种政治文化。

许：昨天最后我们也有谈到这个话题，通过茶馆您进一步思考国家、社会和个人的关系，能不能再详细谈一谈您的思考？

王：我始终认为一个正常的社会，一个健康的社会，必须要有社会组织参与，而不是完全由国家来组织。

我讲一个具体的例子。你看成都是盆地，排水稍微不好就引起水灾，过去排水系统是由民间组织管理的，就是清醮会。清醮会在清代的时候叫土地会，每年清明前后，他们挨家挨户去收钱，穷人少收一点，富人多收一点，把钱收到，然后就用这个钱来供戏班子唱戏，还举办宴会，然后干啥？捞阴沟里的污泥，捞出来以后，运到城外去做肥料。所以这些排水的事情，政府不管的，就是土地会来管，完全的自治。但是从晚清新政开始，国家权力就开始膨胀，辛亥革命以后国家继续膨胀，这些组织慢慢就消失了，然后就再也没人管掏阴沟的事了。那个时候国家机构已经增加了很多，税收增加了很多，但是这件事情没人管，所以民国时期一下暴雨，成都到处淤积。

我读这些材料的时候就在想，现代化的国家机器在建构的时候，认为传统的这些社会组织是落后的，阻碍现代化的，要去除，以为我的系统越庞大，我就能够解决一切问题，我掌握的资源越多，就越能全能化，但把这些最基层的组织都打掉以后，反而出现了社会管理的空白。20 世纪以来，随着现代化的过程，越来越多的人接受，一切都要按照规划来，只有国家才有这个力量来完成这些规划。这里面恐怕还有一些值得思考的问题。

许：这好像成为一个迷思。

王：你想想中国的农村改革就是从安徽的小岗村开始，十几家，大家签个生死状，准许包产到户，这样就起来了。现在好多人相信我们的优势在于集中力量办大事，但从农村改革来看，是农民发挥了自主性。

许：刚刚说到现代化国家的构建，这让我想到晚清新政，1901 年清政府开始新政，经过这么大的"庚子之乱"，这么屈辱的《辛丑条约》，他们尝试改革，做出很多努力，但最后好像又加速了王朝的结束似的。这怎么理解呢？

王：新政其实是真真实实地看到了问题，我想改，你看连科举制度都废除了，然后要君主立宪，不管真的假的，至少咨议局这些都成立了。但是有个很大的问题，好多现在研究新政的人没有注意到，新政走到后面有个倾向，就是清政府想把过去卜放的权力逐步收回。1904 年川汉铁路准许民办，这是多大的一个变化？但是 1911 年又把铁路收回国有，所以我说那个是压倒骆驼的最后一根稻草。现在史学界基本上都承认，武昌起义实际上就是四川保路运动引起的，这边保路运动起了，所以才从武昌调集军队往四川走，造成武汉军力空虚，就这样爆发了革命，孙中山根本都没想到过的，他说他把报纸一打开，武昌起义，很震惊。所以辛亥革命的爆发超过了任何人的臆想。

托克维尔研究法国革命，法国革命怎么起来的？他就说，革命之前已经达到那个程度，教堂要修一个钟楼都要报给国王，要几年才审批得下来，由于一切都在国王那里掌握，连天气不好老百姓都认为是政府的责任。法国大革命的背景，和辛亥革命真的相当吻合。

许：很像，美国《大陆报》的记者丁格尔[1] 就写过，清政府当时一切都在皇帝的掌控之中。

王：其实当时大家都知道这是个问题，包括皇帝也意识到这个问题，但是都不能改变。

---

[1] 埃德温·J. 丁格尔（Edwin John Dingle，1881—1972），英国心理学家、作家，中文名丁乐梅，曾亲历辛亥巨变，于第一时间采访黎元洪、孙中山、萨镇冰、张彪、胡瑛等辛亥风云人物，著有《1911—1912 亲历中国革命》《徒步穿越中国》等。

说回来，过去中国人为什么会有《桃花源记》，陶渊明式的那种向往？就是想要逃到天高皇帝远的地方，但是很难，很难。

　　我突然想起一个事，有个研究俄罗斯史的教授，我们两个经常聊天，我就问他，俄罗斯、中国都差不多同时改革开放，为什么中国的经济发展得这么快，而俄罗斯这么困难？他跟我说了原因，我感觉醍醐灌顶。他说俄罗斯的农民在革命之前是在农奴制下，是被束缚在主人庄园里的，但是十月革命一下就进入集体农庄，俄罗斯的所谓农民没有任何经营的经验，所以放开以后，戈尔巴乔夫会说，农民无所适从。中国农民没有这个问题，你只要不管他，他马上就在那儿挖个鱼塘来养鱼，或者种果树，或者种蔬菜，就是说中国的农民有自给自足的经验。所以我不同意好多人说中国的问题很难办，中国人口太多，农民太落后。这个完全是瞎说，为什么四川的饮食，什么下水、猪大肠那些菜能够发展成美食？中国人最知道怎么谋生。

　　这个从抗战也看得出来，我读齐邦媛的《巨流河》，她讲武汉大学撤到乐山去，为了避免日机白天轰炸，当时的演讲是早晨 5 点钟开始，这些学生打着火把，4 点钟起床，那么多人去听。你想想，中国人在那个时候还想着学术呢。

许：而且产生了很好的学术。

王：对啊！所以中国人的韧性真的是非常强的，你稍微给他喘息的空间，他就能够做好。

* * *

许：刚刚您说当时博士论文报了三个选题，第一个是街头文化，第二个是茶馆，第三个是袍哥，对袍哥最初的兴趣点是怎么出现的？

王：也是在写《跨出封闭的世界》那本书的时候，也觉得袍哥很重要，但也是缺乏资料，所以我申请了王安汉学基金，资助我研究袍哥。拿到基金应该是1990年吧，但是我出第一本《袍哥》，是2018年，你想想，28年，就说明它的研究的困难。表面上看起来袍哥的文史资料特别多，但是真的进行历史研究时，大量信息都是重复的。到最后我有信心了，基本上能掌握的资料都掌握了，我才开始写。所以袍哥是最后开始写的。

许：像我对袍哥的兴趣……我们这一代从小看着《七侠五义》还有什么《十三太保》《少林五祖》这样的片子长大的嘛，所以对秘密社会有一种别样的情感，感觉里面有忠义，有兄弟情谊，还有那种对社会不公的反抗。而这种秘密社会其实是由香港、由华南地区给我们创造出来的一种想象。

王： 对，电影里对这些秘密社会有很多想象。

许： 那比如袍哥一般怎么谈判呢？

王： 如果我们两个不认识的话，首先要说暗号，可能就是摆茶碗阵。

许： 来，把这个茶碗拿来，您给我讲讲怎么摆。

王： 这个叫一龙阵，这个叫双龙阵，双龙戏水喜洋洋……你要请我帮忙，就把茶碗拿起来，倒半杯茶给我。

许： 好，我请您……这菜市场归我管了。

王： 我答应帮助你，我就把茶喝了。如果我觉得办不成，我就把茶倒地上。

许： 不用讲话。

王： 不用讲话，就已经在对话了。

许： 茶碗阵就是一种秘密语言。那袍哥或者说哥老会[1]的缘起是怎样的呢？

王： 在中国秘密社会研究中，学者几乎都认为哥老会是由啯噜[2]演化而来。当我开始追溯袍哥起源的时候，也把过去研究者的这个结论作为起点。但是后来我发现

---

[1] 近代中国活跃于长江流域的一个秘密结社组织。四川地区的哥老会被称为袍哥，也叫袍哥会。

[2] 指清朝雍乾年间四川地区游民群体，在陕南、湘鄂西、贵州、云南等地活动。其成员被称为啯噜子。

没有办法证明哥噜和哥老会之间有直接的传承关系。还有一个说法，就是哥老会自己会追溯到郑成功，说是郑成功退到台湾以后，将那里作为反清复明的基地，1661年在台湾金台山明远堂开山立堂，开始了秘密结盟。但这也是没办法证明的。其实我感兴趣的还不在于到底哥老会是不是郑成功在台湾留下来的，而是为什么他们要把自己的历史和郑成功联系起来？

我认为这实际上是一种身份认同，因为郑成功是反清的英雄，把这个组织的历史和郑成功联系起来，相互认为是兄弟，有利于组织的发展和号召民众，可以打着他的旗号不断扩充。

许：他们整天声称反清复明，实际上有关系吗？

王：辛亥革命以前，他们真的就是反清复明，但问题在于清朝倒台以后，他们这一套话语照样在讲，最后就成了他们的一种身份。

许：辛亥革命中，到底这种会党起多大作用呢？

王：其他地方我不知道，但在四川，袍哥的作用非常明显。这个可以从四川保路运动来看。当时要修川汉铁路，西方人也想修，但改良人士认为铁路不能让给外国人，要自己修。1904 年，清政府同意让四川人自己修这条铁路，成立川汉铁路公司，很多四川人都买了川汉铁路的股票。结果 1911 年，清政府反悔了，说川汉铁路公司要收归国有，由中央借外债修筑铁路，这就引起全成都甚至全川的反对，民众跑到当时的省政府请愿，结果四川总督赵尔丰下令开枪，导致三十几个人死亡。成都人民公园的"辛亥秋保路死事纪念碑"就记载了这段历史。这个惨案发生以后，袍哥从各地向成都聚集。所以你看袍哥的动员能力非常强。那么保路运动后来就引发了辛亥革命。哥老会过去都是非法的，以后也是非法的，就是在辛亥革命往后这几年是合法的，那段时间他们在革命中确实起了很大的作用，当然这段历史就成了他们的光荣史。为什么辛亥革命以后他们还要不断强调这个历史，就是在给自己争取合法性。

许：在传说中，他们似乎充满神秘力量，另一方面其实他们是非常脆弱的，官府真要镇压他们，他们一点办法都没有，到底怎么理解他们的存在呢？

王：叫秘密社会，也是对他们的误解。你想想在四川，70% 以上的成年男人都是袍哥的成员，这个还能称为秘密社会吗？像摆茶碗阵之类的仪式，我觉得成了一种表演。这个表演就是一种自我认同，通过这个仪式把我们和他们区别开来。虽然不再神秘，但他们自己作为里面的演员，很投入的，也很真实的，并不是说这些不真实。他们要处置某一个成员，当时真的就开会，然后惩罚。有一种严惩叫"三刀六洞"，实际上就是要你自已了结，在一个门板上放三把刀，一扑进去三刀六个眼，这不是闹着玩的。

许： 这种惩罚是真惩罚。

王： 而且这种惩罚并不罕见的。这里有个挺有意思的故事。1917 年，有个老外写了一封非常长的信给《东方杂志》，自号"浪迹天涯客"，说辛亥革命以后一直在四川。我们知道辛亥革命以后四川的局势非常不稳，这个老外就在四川卖军火。做这样的生意需要当地袍哥的庇护，所以他搭上了袍哥，后来竟然还加入了袍哥。一般来说，袍哥都是要从小老幺开始做，但是一下就给了他比较好的位置。当然了，只是给他一个荣誉，没有投票权，没有决定权。这个洋袍哥就在里边混，一步一步往上升，最后有了相当的身份。

有一次，他到了一个小乡镇，突然闯进来一个人，要他救人一命，然后把他带到一个茶馆。茶馆里坐满了袍哥，一个年轻袍哥被押上来，五花大绑，腿上还滴着血，这个大会就是审判他，因为他为了利益出卖了自己的老大。按照袍哥的惩罚条例，就应该是"三刀六洞"，但是这个洋人劝他们放这小伙子一命。一个因为他是洋人，一个因为他在袍哥中的地位，所以他们听了他的建议，没有处死这个小伙子。这个事后来老外就记录下来了，写了各种细节。

许：有意思，一个洋袍哥的故事。如果早生四五十年，您会当袍哥吗？

王：很难说。因为在民国时期，袍哥并不是一个消极的概念，并不是一个黑社会的概念。这样一个群体，其实蛮复杂的。比方说《袍哥》这本书里写的雷明远，他可以亲手杀死自己的女儿，如此之残暴。但是另一方面呢，燕京大学的学生来了，他很热情地接待，帮他们做事。年轻的时候，他带领兄弟们剿匪，立下汗马功劳，成了袍哥的副首领，而且还担任副乡长。但是最后他变成个鸦片烟鬼，出去大把地撒钱，像阔佬一样，他老婆在家里都没有钱买菜。两方面可以在一个人身上发生，很复杂。

许：那我再问一个问题，研究秘密社会对研究我们整个人类社会到底是一个什么维度的意义呢？

王：其实最后还是回到我关注的国家与社会的问题。你看这样一个反国家（state）的团体，它形成了自己的亚文化，有整个一套组织结构，而且能够发展到当时绝大多数男人都加入这个组织。你通过它来看国家与社会的关系，曾经它是国家权力的挑战者，在清朝不断被压制，但到了民国时期它又是地方秩序的维持者，民国时期实际上对它是睁只眼闭只眼，然后上世纪三四十年代进入地方权力。刚刚我说的雷明远，实际是副乡长。

但是最后在新政策之下，哥老会被一举歼灭。

其实不光是中国的历史，西方也存在黑手党对不对？当然在西方，没有像哥老会这样在几年之内就被彻底解决了，但是它也有转化的过程，也有和国家权力长期博弈的过程。这几乎出现在每一个文明之中。

许：比如"意大利袍哥"《教父》。

王：是啊。像袍哥，历史上曾经存在这么大一个社会组织，但现在几乎没有人再提到，或者提到了，但是并不清楚他们到底是什么样，从哪里来，最后是怎么消失的。那么通过我的写作，我希望让人认识到这样一个团体。

* * *

许：王老师您带我们到街上走走呗，我看这条老街挺有意思。

王：好啊，这条街可以逛逛，保存得算好，我小时候成都的街差不多就是这种感觉……你看这种房子是川西平原最有特点的，两层楼，下层做店铺，二楼就做住家，现在这种铺面房已经很少了。

许：走在这条街上，我突然觉得自己有点像个袍哥。这里有点《死水微澜》里天回镇的感觉。

王：对，但是天回镇现在可能反而没有这个味道了，

因为它比这大一些，发展要快　些。

许：这些记忆里的东西是不是对您写作也很有帮助？

王：那当然，我书里很多描写都是我下乡时候的记忆：坐在竹林中间，看见水牛在水里面，水上面还有浮萍，看见鸭子在沟渠里面……我甚至描写到砖是怎么造出来的，因为我自己就参加过砖的制造，我们叫拉砖。拉砖是川西平原制造茅屋的一个标准程序，一百年以前也是那样造出来的。

许：我发现人生每个经验都不会浪费啊。

王：对，这些从文献资料里是看不到的，如果我没有经历这些，我觉得我的书不会是大家读到的那种感觉，就是能够把川西平原的那种生态、日常描绘出来。我写作的时候，总觉得有一种画面感。

许：跟您画画有关系。

王：对对对，这种画面感我觉得是不是对历史写作还是有用？

许：那肯定的，它可以呈现出很多的细节。现在茶馆的研究是不是就算告一段落了？

王：告一段落了。

许：茶馆成为您的学术中心大概前后多少年？

王：我在约翰斯·霍普金斯大学做的第一篇和茶馆有关的论文是在 1997 年，一直到《茶馆》中文版翻译完成是 2018 年。

许：21 年。

王：对，21 年，我成了茶馆的世界的一部分，茶馆成了我的世界的一部分。有的时候离它近一些，有的时候离它远一些。有的时候跑到袍哥那里去，但是袍哥又和茶馆有关系，很多茶馆就是袍哥开的。

许：今天来什么感觉？像见一个老朋友吗？

王：又回到了过去这个世界，特别是又看到甘大爷、胡大爷。其实昨天晚上我就在想，今天来会不会见到他们两位，你看他们从来没有让我失望过，从来没有。

许：刚刚看那个茶铺，那些老人脸上的时间真是凝固的。

王：这个就是他们的日常，不变才是正常的。过去大家有这种迷思，好像生活如果周而复始是一个不好的事情，现在看来，如果我们知道十年以后我们还是这样，一切都很日常，这个就是最好的时代。

许：过去我们在讲中国的时候，总是讲变，总是讲现代化。

王：一切确实在变，我们很少注意到不变的方面。如果你仔细观察，进入街的层次，甚至进入茶馆这个层次，你会发现，好多根本就没有变。像甘大爷、胡大爷，他们日常的轨迹，就和一百多年前喝早茶的老人一样，早晨天还没亮就起来，那个时候没有街灯，只有巷子的尽头有一丝光亮，那时候的地也不像现在这么平，就这样深一脚浅一脚的。但是每一个坎儿他都很熟悉的。他知道，因为他走了无数次，每天都在走，摸黑在走，走得很顺当。冬天的早上是非常寒冷的。但是巷子尽头那个光亮是一种温暖，那种温暖就是吸引力，他就这样走进去。那个时候堂倌可能还忙，还没有其他茶客，他就坐在那个椅子上打瞌睡。等他眯了一阵，陆陆续续人也来了，再坐一阵就可以听到外面的声音了，吆喝的声音，还有大城门推开的巨响，茶馆里边讲话的声音，这个就是城市的交响乐，一天的日常生活也就开始了。

是我们每一个普通人，每天的日常，建筑了我们的文明和文化

许：学校还是让人安静，进来心就静了。澳大的学风有什么特点吗？

王：它的学风还是挺传统的，你看它的校训是"仁义礼知信"。

许：古老的传统在这儿保持着。

王：对，我觉得还是挺传统的，但是它的教学人员又挺西化的。

许：跟香港那些大学的水准相比如何呢？

王：最近十来年它上升得比较快。

许：历史系在澳大是个小系？

王：小系，我们只有十个人，我们学院的葡语系都有三十几个，中文系有二十几个。

许：在这么一个有历史感的地方，历史系反而是小的。

王：以后也会扩大的。往那边走，就是我们的人文

学院、社科学院。

许：这校园很舒服。

王：这个就是规划的结果。它以前完全是一片河滩地，从那上面修建起来的，而且它已经考虑到了以后的扩展，二十年以内我想都不会有什么空间不够的问题。你看那边的教工宿舍，有很多是还没有装修的，先放在那里。

许：利玛窦看到这一切应该挺开心的。

王：那当然了。从一定程度上来说，西方传教士，对中国影响最深远的还是在教育是吧？现代大学的概念就是从西方来的嘛。我们去我办公室坐坐……

你看这个，是我自己做的，2007 年，我在美国待了一年，就是写《茶馆》的第二卷，到了圣诞节前，每个人要做一个小东西挂在圣诞树上，我在当地买了一个鸟屋，自己做成一个茶馆。

许：您手工能力很强啊。

王：小的时候父母不在身边嘛，我和哥哥相依为命，所以独立生活能力很强……你看这儿都是档案，我在档案馆里复印的。这是关于"袍哥"的档案。

许：这么多，像一个丛林。

王：现在方便多了，当时我是跑到各个图书馆去收集的。当年这些资料我都是随身提着的，生怕弄丢了。

什么东西都可以丢，这些不能丢。

许：如获至宝是吧？这些要读多少遍？

王：那要看情况。有时候档案馆给你调十卷出来，看完了可能一点用处都没有。如果有用的话，就得反复读。

许：这太磨人了。

王：所以花了好多年时间。我给你看看《国民公报》吧，我就看了整整一年。

许：各种小花边。"昨日花卉场中有二三轻薄少年，每遇青年妇女即评头论足，且追随之。"

王：那个时候是犯罪的。要把他锁起来让大家观看，锁一天。

许：还是新社会好，不锁人。（笑）这太有意思了。

王：我和你说，我做茶馆研究时，每次坐飞机，我就想，不要出事故，就怕我先死，《茶馆》没完成。所以《茶馆》完成之后我如释重负。但是现在我又在写《袍哥》。

许：又不能死了。（笑）

王：对，又不能死了，现在我又怕我的《袍哥》三卷本没有完成。问题是又有下一个，"澳门秘密社会"又启动了。

许：多好。那您预计什么时候会退休呢？

王：我 70 岁就退，还有 4 年，也快了。可能年纪大了，有种时不我待。而且我眼睛也看坏了，实际上我现在是用的一只眼睛，如果左眼再坏的话，基本上完蛋了。为什么总有点时不我待的感觉，和这个也有关系。

许：葛兆光老师眼睛也不行。

王：他就是视网膜脱落坏的，我也是。

许：您肯定会写到最后的。

王：我估计写到最后一口气。最后发现我的时候，正是在电脑面前，圆寂。（笑）

许：除了《袍哥》这个系列，还有哪些工作您觉得特别重要、特别想完成吗？

王：我最近思考比较多的还是史观的问题。疫情之前，我就开始思考，我们热衷于帝王史观、英雄史观，沉浸于自己的宏大叙事——这是中国史学的传统嘛，过去我认为这只是历史写作的问题，但是现在我更多的忧虑是历史接受的问题。就是说，这种几千年的帝王史观，已经深入到我们每一个普通人了。不管是正史、野史、电视剧、电影，比如早些年热播的《康熙大帝》，都在塑造这种帝王史观。这种史学观灌输到普通人，就会造成大家对权力的崇拜，对中央集权的崇拜。我就想起卡尔·波普尔说的，20 世纪最危险的崇拜，就是对权力的崇拜。

为什么说危险？在这种话语霸权之下，大家已经接受，作为普通人，我们来到这个世界，我们做的贡献就是少。如果不做大事业，就应该是卑微的，我们接受了我们卑微的地位，接受了我们应该被驯服。所以对自己没有要求——没有人格的要求，没有尊严的要求。这个是我担心的。包括很多人都有那种焦虑感，觉得如果我或者我的子女只是很普通的上班族，就是失败。我成长、读书、结婚、生子，周而复始的生活，好像来到这个世界上就是庸庸碌碌。但是现在我要问的是，难道我们绝大多数的人不就是这样吗？我们每天的这种日常生活，看起来是没有什么作为的，但是就是我们每一个普通人，这种老百姓的每天的日常，才建筑了我们的文明和文化。帝王将相不折腾的时候，民生反而比较安定。我有时候脑子会出现一个画面，有个帝王或者英雄站在那山巅之上，下面千军万马在欢呼，但是那是一片，你是看不到个体的。

许：这也是 20 世纪史学的一个趋势，人的消失。

王：人的消失，看不到人。但是这种观念的转化还有很长的路要走。我们还在不断地歌颂他们，这个是中国传统——当然我并不是说他们对历史缺乏影响，但是怎样评价，这是大的问题。好像我们中华民族走到今天，是因为有了这些英明的君主给我们开疆拓土。不是，并不是因为有了秦始皇、汉武帝，而是因为有了历史上一代一代传承下来的每一个普通的人。这个群体足够大，每个人所做的一点一滴都在推动历史。

许：我特别喜欢您的那个说法，普通人也可以碌碌有为。

王：我希望更多的人，更多的普通人改变对历史的看法，对自己的看法。就是我刚才说的，让我们普通人也认识到，我们的日常就是最重要的，而不是说要希望一种惊天动地。对于普通人来说，越少这种大的变化，就越是我们的福气，就说明我们的生活越平稳。

许：这个转变您自己是什么时候更明确的？

王：还是疫情以后。

许：所以是不是某种意义上说，现代的史学家有新的使命，要让日常或者是那些被忽略的声音，被真正展现出来？

王：我希望是这样。但是我总感觉像我这种思考，并不是大多数。好多同行，甚至包括我的朋友，都已经觉得这个走得太远了，觉得写日常生活解决不了什么大问题。

许：您怎么看待这种偏见呢？

王：我们的努力还不够。别人没有认识到这种书写的重要性，所以我们需要不断的努力。最近一段时间我特别强调日常，我们不要轻看日常，好像日常有什么好写，对历史有什么贡献，能给我们什么启发？其实日常才是生活和历史的本身。另外我说，我们人人都是历史学家。好多人说，当个历史学家非常有门槛的，但从另外一个角度来说，我们每一个人经历的事情，如果你能把它记载下来，留下你的声音，让以后的历史研究者或者以后的人看到，这个有特殊的意义。

许： 在中国，这尤其有价值。我其实挺感慨的，我们经历那么多的事情，但记载下来的还是太少了。

王： 对啊，短期内看，这样的个体记录可能默默无闻，但你看刘大鹏[1]当年写个日记对我们今天多大的用处啊。尤其现在有手机，不管是记录声音也好，记录文字也好，这都是普通人对抗遗忘，对抗话语霸权的方式。

许： 对，人人都是历史学家，这个好。如果选一个20世纪的中国史学家，您最佩服谁？

王： 我最佩服的还是陈寅恪，主要是他的人格，那种"自由之精神，独立之思想"。他能够坚守自我，一直到他的生命结束。

---

[1] 刘大鹏（1857—1942），山西太原人，他从光绪十七年（1891）开始写日记直到临终。所遗日记编为《退想斋日记》，描述了当时当地农村的政治、经济、文化等社会情况。

许：一个学者的人格和他的学问其实是可以分离的，可以学问非常大，但是人格很差，对您来说，这两者是什么关系呢？

王：当然人格和学术可以分开，这个在中外都可以找得到例子，但是我认为应该是统一的。这种独立的人格非常重要，一个学者一旦丧失了批判精神，他的学术生命就结束了。你可以不写，但是一定不能违心地写。作为一个学者，到底你的屁股坐在哪里？这个很重要。

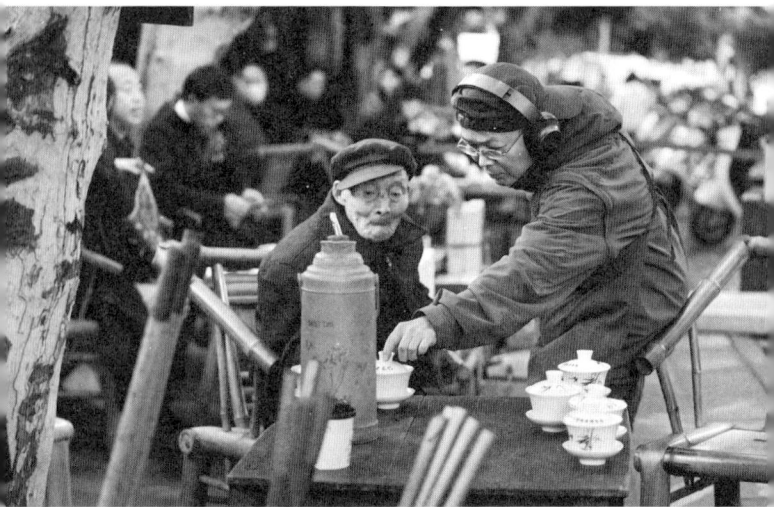

附：观音阁茶馆老板李强采访

我想留下一个茶馆的活化石

许：你是什么时候开始开这个茶馆的？

李：1995 年，当时我 30 岁。

许：为什么会想到做这件事呢？

李：我从小在茶馆长大。我母亲 16 岁参加工作，那个时候私人不能做生意，她在供销社做茶馆。那个茶馆很大，就在彭镇，能够容纳一千人，九几年的时候拆掉，很可惜。

许：那太可惜了！你小时候在茶馆长大是什么感觉？

李：我们整个四川的茶馆应该是在 1984 年左右就已经蜕变，主体引向麻将了。我小的时候，茶馆不是这样的，茶馆是三教九流碰头的地方，什么做生意的、说媒的、算命的，各个行业都在里边，也相当于一个社会缩影。添加麻将之后，老人少了，做生意的少了。为什么？有麻将之后就容易引发争端，吵架啊打架啊，都有。八几年的时候，有一天我经过一个茶馆，老板就叫我，你喝茶吗？我说喝。你打麻将吗？我一下就愣了，一看里面全是麻将，心里面就有落差，茶馆怎么会是这样呢？当时就想着非盘一个茶馆下来不可。

观音阁这个茶馆以前也这样，1985年已经有麻将，我1995年接手后全给取消了。当时我家里人不同意，感觉我犯傻了，挣钱的你不挣。确实，当时老人喝茶就三毛，自己带茶叶一毛五，但是我就是想建这样一个环境。

许：像你小时候那样的环境。

李：对。有些老人礼拜六、礼拜天带孙子到茶馆，我拿糖逗这些孩子。在说话之间，你回到你的童年。我的童年就是这样，小的时候在灶台边玩，他们逗着我，叫我爸爸，我拿花生给你，拿糖给你，我就叫爸爸。

这个氛围真的很好，我就喜欢这样的氛围。说实话，有些老人跟家里面发生小矛盾，心里面有一点不舒服，到茶馆之后泡上茶，跟别人聊天，这些事就忘掉了。

许：今天我看到除了年轻人来拍照，这些客人都是老人家，非常固定的老人家客人有多少？

李：固定的老人每天有两百到三百人。四川的茶馆历来有早茶，这个早茶不是对老人，是对商人，农村卖小菜的人，包括现在的环卫工，工厂上班的中年人。像

十三邀 II
你愿意活出什么样的世界

环卫工，大概凌晨 1 点钟开始上班，特别是冬天，天冷，他们就过来喝杯茶。卖小菜的，市场里边大概凌晨 3 点就卖完了，这个时间骑着车回家，一家人还在睡觉，叮叮当当的全都吵醒也不好，还是来茶馆。我原来自己来开门，现在不需要，茶客自己开门，自己烧水，真正的茶馆要让当地的茶客觉得这里跟他们自己家里面是一样的。

许： 真好，像一个小的社群一样。

李： 你看钟大爷，99 岁，在这里喝了七十多年了，现在中午他如果还在这里喝茶，我会叫他跟我们一起吃饭。因为他的老伴走了，回家他要自己做，那我叫他一起吃，多一双筷子，多个碗。

许： 很温暖，这儿就像他的家一样。

李： 我母亲今年 7 月走了，我 1995 年开茶馆后把她接过来，她就再没回家住过，一直在这里，她不愿意回去住。

许： 她在这儿舒服。

李： 她看着这些老人家聊天，呱呱呱，就很开心。

许： 其实老人家特别需要这种交流。

李： 是的，而且现在很多年轻人来，他们特别开心。为什么？他们吸收新的事物，手机弄不懂，这是什么玩意儿，有些小年轻就给这些老人看，这是什么什么。

许：挺弥合代际的变化的。

李：对。

许：这些游客、拍客什么时候开始多起来的？

李：最早应该是在 2009 年，崔健、郭涛他们过来拍《成都我爱你》。其实在他们之前，应该是 2000 年，一个国外的摄影团来拍过。后来逐渐逐渐来这儿的国内摄影师就偏多了。

许：现在来这儿的网红是不是也增加了？

李：是的。其实我也没把这个当回事。为什么？别人在拍什么样的东西，我们不要把它看得过重，那是人家的工作，你有你的工作。很多人说你千万不要变，千万不要变，我说不会，你放心，我既然选择这个，我不会变的。

许：说得对。

李：有朋友和我说，你不得了啊，你这个茶馆火得不得了，照片都在国外获奖。我说我不知道。怎么会不知道？你怎么不收钱呢？我说收什么钱，我该卖茶我就卖我的茶，跟我有什么关系。

许：特别好，特别好。这些拍客拍照片，他们形成一个新的生态，你怎么看这个生态呢？

李：我觉得这个生态还是蛮正常的。我开这个茶馆第一要保持和谐，人与人之间的和谐。这个和谐怎么去营造呢？当地每个老人来的话就　块钱，你是什么样的人都是一块。为什么要收他们一块？按照茶馆现在的盈利，也可以不收他们的钱，但是不要这样去做。我们要尊重别人。老百姓有一句话，花钱为功德。花了一块钱可以骂你，但他没花这个钱的时候不敢骂你，水没有了他不敢叫，但是花了一块钱可以随便骂。要受骂，这是一个。再一个就是，所有的游客，不管哪里来的，包括我们当地拍客，都是十块钱一个人。这样就保持人人平等。

许：这些拍客、网红多了，老人们会排斥吗？

李：其实他们不排斥。会排斥的是什么样的呢？是有些地方本身就变了。我曾经遇上一个老人，一个女同志拿了十块钱给一个老人，想给他拍照，要他配合摆一下姿势。那个老人的回答让我很震撼。他说，拿钱给我干吗？我是要钱的吗？我是来喝茶的，你拍你的，我聊天，我们互不影响。

许：他说得很好啊。

李：所以在这里，所有的拍客过来，不准向任何一个老人付一分钱。我不准他们付，我怕的是变。人性都是这样，一旦出现一个人拿钱就会出现十个人拿钱，一个人要钱就会出现十个人要钱，这就完了。所以一直以来，我强调这一点。

那现在，你看，这里的茶客能够和拍客达到默契。这个老人他坐在这里，你要去拍他，他不会看你，他把烟拿出来裹裹裹，互不干扰。其实拍客要的也是这个，很自然。而且拍久了，这些老人知道你需要什么。

许：对，有一种剧场演员的感觉。你担心这一代老人离去之后，出现空白吗？

李：我不担心这个，为什么呢？你想想我做了 27 年，走的老人很多，添加的老人也多。假设我再做 20 年，77 岁，我们这代人在哪里？还是茶馆。

许：你觉得你会一直做到最后？

李：肯定的。我对在外面上班、打工，没兴趣，不是找钱的问题。包括最后选择人来继承，也要看有没有感兴趣的人，有没有跟这个茶馆有缘的人，没缘的话宁肯关掉，也不要让它变掉。

许：你开茶馆最有乐趣的部分是什么？

李：你看这个老七，就这个小伙子，他跟我九年了，他的智力很低，小时候生病吃药吃错了，我把他收下来，2013 年开始，一直跟我。

许：要早几十年，你一定是一个很仗义的袍哥吧？

李：应该是。有时候我讲，什么是江湖？不是打打杀杀，江湖讲的是道义。原来的袍哥也是这样。比如我从北京到四川来，我的钱包不见了，需要求助，我进茶馆拜码头。茶馆老板不可能到街上给你找，跟谁说？袍哥。怎么会欺生呢？来者是客，怎么会这样呢？袍哥要管一下。

许：袍哥讲江湖道义。你看过王笛老师写的书吗？他研究茶馆，研究袍哥。

李：没有，我对书……我不是那么看得进去书。

许：你们俩的思路是一样的，你是想在实际当中慢慢恢复这种文化或者风俗，他是写成了很好的书。

李：是，我想留下一个活的化石。

许：太好了，谢谢你，真的特别好。

彭凯平

人生就是一梦，问题是，
你愿意活出一个什么样的世界

彭凯平

1962 年出生于湖南岳阳

1979 年考入北京大学心理学系

1983 年毕业后留校任教

1988 年赴美国密歇根大学访学

1997 年获密歇根大学社会心理学博士学位，后任教于美国加州大学伯克利分校心理学系

2008 年任清华大学心理学系教授和首任系主任

著有《吾心可鉴：跨文化沟通》《活出心花怒放的人生》等

我真该多追问，王阳明的知行合一与神经科学的关联是什么？

　　彭凯平说起具身知识的概念，所有知识都是通过感官、视觉、听觉进入大脑，然后变成神经元联系。他还说起伯克利一位前同事的著作《肉身中的哲学》，所有的哲学都有关肉体，知就是行，行就是知。

　　我顿感自己的兴奋。我们的生活总需要各种诠释，它们并非一定正确，而是在一个时刻，赋予我们意义，一种连贯性，拓展我们对自身的理解。

　　对于心理学，我一直有种模糊的兴趣。它安抚人，却又不无暧昧，我总记得，大学时对面宿舍就是心理系的同学，他们无所事事，却带来某种放松。

　　与彭凯平的交谈贯穿了疫情最严重的时期，也是在那个焦灼的时刻，心理学散发出无穷的魅力。

人最可怕的是丧失希望，
年轻一代一定要让他觉得有前途

许：终于见着了，跑了这么老远。

彭：太不容易了。

许：您最近在忙什么？

彭：在写一本书，讲疫情期间我们的苦难、打击，然后如何恢复到正常的状态，有一种生生不息的顽强精神。

许：这个太重要了，我们都需要知道这个。疫情已经延续两年了，这段时间对您个人的冲击是什么呢？

彭：我们的生存空间变得狭窄，生活规律被彻底打乱，社会联系也减少了，这个时候就是处于灵魂收缩的时候，像我就会反思一下，我是不是在做非常有意义的事情，勇敢的事情？也许平时不这么想，现在就得想了，要不然的话你很难平衡这种心理落差。再一个就是在这种困难的情况下，你得去找到一些积极的意义。

许：比如什么样的积极意义呢？

彭：像你做节目，我写书，都是。疫情期间，我的书卖得比我平时的书要好很多，像《活出心花怒放的人生》，卖出二十多万册，我自己的学术著作卖两万册，这种被欣赏的感觉也挺好的，就会有一种成就感。所以被需要的感觉还是挺重要的。如果没人要你，没人理你，这是很痛苦的。

许：这两年您观察整个社会在这个时段最重要的特性是什么呢？

彭：我们做了两个大规模调查，和新华社一起完成的，一个是 30 万人的调查，一个是 34 万人的调查，动态地记录社会心理的一些变化情况，总结出来三个特性：一个是中产阶层不高兴，整个社会情绪的下降是比较明显的。第二个变化，是对家庭对亲情的关注，开始讨论、关心如何去维护家庭，如何去改善家庭关系。还有一个很有意思，中国以前很少谈生命意义和生死问题，现在讨论得多了一些。这是到今年 2 月份为止的一个变化情况。所以说有消极的情绪波动，也有一些意外的积极的变化。

许：年轻一代的心理有什么变化呢？比如您的学生们，之前他们没有遇到过这么强的挫败感。

彭：我觉得关键还不是挫败感，关键是不确定感。

以前成长和成功的路径还是比较清晰的，起码知道方向在哪儿，要不出国留学，要不做公务员，要不进企业，现在不太清晰了，不能像以前那样去谈恋爱、学习、规划生活，不知道未来会怎么样。这对人的影响还是挺大的，你会失去心理上的安全感。所以他们的焦虑是比较强烈的。基本上每个同学都在担心就业怎么办，未来怎么办。这一批学生是 2018 年入校的，上了三年网课，青春三年，就这样过去了。我在一次采访里说过一句话，一堆人骂我，我说我们老讲疫情对老年人的风险，其实我们忽视了疫情对年轻人的伤害。

许：我找到一篇您在 1988 年写的论文，针对大学生做的心理调查，那时候您就开始关注年轻人的心理。

彭：谢谢你，把这个古董都挖出来了。这是我发在《心理学报》的第一篇文章。当时做的这个调查还挺有意义的。它是依据一个很有名的心理学家阿尔伯特 [1]——社会心理学的创始人之———和他的合作者搞出来的价值观测量。他们把人的价值观分为六大类，包括经济型、理论型、审美型、宗教型、政治型和社会型。

---

[1] 阿尔伯特·班杜拉（Albert Bandura，1925—2021），美国当代著名心理学家，社会学习理论的创始人。

许：当时的调查结果，您说中国大学生的政治和理论项都比较强是吧？

彭：对，符合北京大学生的素质，爱思考，爱学习，爱探索。

许：那个时候您还是一个年轻的讲师，这篇文章一发表，是不是一下就自我确认了？

彭：是，看到自己的名字被铅字印出来，一定有一种意义感，一下子觉得这就是我要做的事。我是第一批留校的心理学学生，1983年留校，1987年成为北京大学最年轻的讲师，然后最年轻的学者发了一篇重要的文章，所以感觉挺好，觉得可以搞心理学。

许：那个时候对很多人来说，心理学这个学科还是很遥远吧？

彭：北京大学心理学系是1978年才批准成立的。改革开放后，国家要发展科学技术事业，当时创建了很多新的学科，心理学系是其中一个，以前都没听说过。所以说心理学系成立是当时社会开放的一个很重要的标志。我本来报的是物理学和地球物理学，但是没想到分去心理学，我也问过招生办老师，他们说因为你写了一句话，愿意服从国家分配，心理学系没人报，就把你分过去了。他还说了一句话，我记了一辈子，他说心理学和物理学都是理学，差不多的。就这样上了心理学系。

许： 一开始就是个失控的人生。

彭： 一开始就失控。但是那时候我们觉得这还是挺光荣的事情，这是我们未来的事业，未来的学科，结果迎新会上，一个留苏的博士说了一句话，给我们一盆冷水泼过来。他说你们学心理学早了二十年。有同学就问为什么呀，他说中国人现在还在为温饱而奋斗，心理学是个调味品，它不是个必需品。

后来发现他讲的二十年还早了，三十年之后，中国社会基本解决温饱问题之后，我们才开始关注心理学，也就是现在这个阶段。所以我们当时觉得很苦恼，不知道这个学科有什么用，甚至有些人认为我们是搞唯心主义，走上了危险的道路。心理学，当时真的是边缘化的。我的中学老师听说我被北大心理学系录取都要流眼泪了，觉得一个伟大的物理学家前途被摧毁了。有段时间我都不好意思跟人说我学心理学，我说我学心理物理学。

许： 是，我 1995 年上大学的时候，对面就是心理学系的学生，我就觉得他们整天游手好闲，不知道他们在干吗，考试很容易过。

彭： 因为确实没有一个明确的培养计划，老师也不知道这个学科该怎么教，所以我们什么课都学，有机化学、高等数学、高等物理学，甚至无线电，反而跟我们有关系的科学，比如说神经科学，当时没有学。到了第三年，我们学生开始琢磨出味儿来了，这个教育方式不对。北大那个时候开始改革，允许学生发表意见，我们就跟系主任和校长谈话，要求加强心理学的学科特性，就是社会心理学、人格心理学、精神分析，这些真正的心理学学科。

许：那个时候北大气氛是特别活跃的吧？

彭：对对对，学生选举，课程改革，各种思想讲座真的是绵绵不断。包括"走向未来"[1]对我们那一代人影响还是挺大的。那时候大家都觉得自己有可能成为国家的栋梁、主人。所以我老说，人最可怕的是丧失希望，年轻一代一定要让他觉得有前途。

* * *

许：1988 年年底，您去了美国读书，当时是什么契机呢？

彭：某种程度上是偶然。北京大学心理学系和密歇

[1] 1980 年代由金观涛等主编的"走向未来"丛书，出版时间始于 1984 年，终于 1988 年。这套丛书作者集中了 80 年代中国最优秀的一批知识分子，涉及社会科学和自然科学多个方面，代表了当时中国思想解放最前沿的思考。

根大学心理学系有一个教师交换协议，当时会讲英语的老师都派完了，最后轮到我，就把我派过去。

许： 那个时候美国心理学界的主导力量是什么？

彭： 那个时候还是认知革命的尾声。从 70 年代开始，心理学产生了认知革命，反思人类自以为是的理性，我们觉得我们很厉害，能够搞清楚人类的各种思维规律和自然规律，但是心理学的研究证明，你想得太多了，没有这么厉害的。一直到 80 年代，心理学的主导力量都是认知革命。到了 90 年代，就是我去的时代，正好是一次新的革命兴起，这次新的革命有三股力量：一个是文化心理学，就是我在美国读书时的研究工作。第二个是神经科学，90 年代开始兴起大脑革命，1989 年，美国在全世界率先推出脑科学计划，把 20 世纪的最后十年命名为"脑的十年"。现在发现，光了解脑，你还是对人类的心理不够了解，但当时这些神经科学家雄心勃勃，认为我们可以通过对大脑机制的分析来彻底了解人类的心理活动。第三股力量就是 90 年代中期兴起的进化心理学。你了解文化，这是从宏观层面，你了解大脑，这是从微观机制层面，但是它怎么来的？进化心理学就试图回答人类的各种心理现象是怎么进化出来的。90 年代我在读书的时候，是这三股力量在革命认知革命。等我出来当教授，情感革命开始了，包括积极心理

十三邀 II
你愿意活出什么样的世界

学，包括情绪研究，都是重新关注人类的情感。

许：为什么当时您对研究人类文化心理差异感兴趣?

彭：我去美国一年之后，就想留下来读书，系统受一个科班训练。我就找到了尼斯贝特[1]教授。1985年他访问过北京大学心理学系，是我陪他的，他对我印象很好。我说我想报考你的研究生，他当时正好要申请文化心理学的一个研究基金，就给了我一摞资料，说看看你能做什么。

我看了以后，觉得他们不太了解东西方的文化差异，就写了一份报告给尼斯贝特教授，说如果从中国人的角度来看，东西方在十一个方面有文化差异。他一看，非常震惊，那太好了，你来申请做这个项目的研究生。所以我就申请了，结果拿到了五年的奖学金。后来我们做了好几年的文化心理学研究，我提出来的十一个里有九个被验证了。

许：您刚才说的那十一个文化差异，差别最大的是什么?

彭：差别最大的就是内外因，西方人相信任何事情有个本质，比如西方人真的认为坏人有坏的本质，而这

---

[1] 理查德·尼斯贝特（Richard E.Nisbett，1941—），美国密歇根大学心理学教授，2002年，他成为第一位当选美国科学院院士的社会科学家。著有《思维版图》《逻辑思维：拥有智慧思考的工具》《认知升级》等。

个坏的本质是可以遗传，可以感染，可以渗透的。我们中国人不太相信本质，认为任何事情都可以变，我们更强调非本质论的情境、环境这些。我觉得这个是比较根深蒂固的差异。当年论证这个差异就是因为卢刚杀人。

许：这个案子当时很轰动啊。

彭：他是北京大学物理系的，我跟他一起上过课。1983 年他要到美国留学，想找对象，找不着，物理系总共就三个女同学，他就跑到心理系找我，说老彭给我介绍一个对象。我就撮合我太太的室友，一个四川姑娘和他认识。两个人谈了两三个月，分手了。那女孩说靠不住，就说了这么一句话。后来这个女孩到斯坦福大学留学，而且嫁给了卢刚的同学，两口子在那儿读书。1991 年的 11 月 1 日，他们打电话给我，让我打开电视，正好就播卢刚杀人。他打死了五个教授，而且四个是提名诺贝尔奖的，这么一下手，把爱荷华大学的物理系打回到石器时代。我当时就感慨，如果当年那个女孩跟他结婚，卢刚就不一定会走到这一步。但是我的老师尼斯贝特，听到这个故事第一句话就是，真的为你太太的室友高兴。

这跟我的推理不一样，我觉得，如果那个女孩嫁给卢刚，也许卢刚就不会走到这一步，而这个美国人认为，如果她嫁给卢刚，卢刚也会把她杀掉。

十三邀 II
你愿意活出什么样的世界

许：完全不同的思维方式。

彭：完全不同。于是我们在中国找了一批人，在美国找了一批人，做调查，假设卢刚在中国，会不会杀人？中国人认为不会。假设卢刚结了婚，会不会杀人？不会。假设卢刚有孩子，会不会杀人？不会。但美国人认为，会。为什么？他是个坏人啊。

许：他们认为恶是本质的存在。

彭：对。后来这篇文章送给了一个杂志社编辑，就是我们这个领域最顶级的杂志，叫 JPSP（*Journal of Personality and Social Psychology*，《人格与社会心理学杂志》）。那个编辑很厉害，觉得这篇文章特别好，但他提出一个很大的问题，他说卢刚是中国人，中国人解释卢刚杀人是受环境影响，是不是面子观念？我们做了坏事，怪环境，迟到了是交通堵塞，不是我自己懒，对吧？那怎么办呢？特巧，一个月之后，一个美国佬跳出来，打死了五个人，把老板打死，最后自己自杀，几乎一模一样的故事。我们立马把这个美国人的故事给中国人看，假设他结了婚会不会杀人？有孩子会不会杀人？中国人认为不会。说明什么？不是面子观念，是我们的思维方式。

许：那么这种思维差异的好坏到底是什么呢？

彭：我说的是认识论上面的事情，和伦理没有关系。

但是你要这么问呢，我觉得西方人的这种本质主义，好处就是强调自我的责任，还有自由意志，你得为你的言行负责，因为一切都是你自己的选择。咱们中国人的思维方式的好处在什么地方呢？能够找到解决方案，这个人我们没法去改，但是环境总可以下功夫。

许：但是这样不也会造成找借口？

彭：对，所以我们中国讲问题出现都是有大形势、小形势、微形势，都是形势……（笑）。反正各有利弊。

许：当时这篇研究文章出来之后，是不是在美国引起很大的反响？

彭：那个研究是 1991 年做的，正式发表是 1994 年。到现在为止那篇文章的引用率是 3400。你知道我们很多中国学者，一辈子的文章在国外的引用都超不过 300，所以说这个影响是很大的。[1]

许：当时华人在整个心理学界是什么样的位置？

彭：没地位。到现在为止，在美国的大学像我这样搞社会心理学的华人教授基本上没有，连华裔的都不多。

许：社会心理学是怎么兴起的呢？或者说，整个心理学从最开始出现到发展到今天这么多流派，大概可以

[1] 1994 年，彭凯平和迈克尔·莫里斯（Michael Morris）在《人格与社会心理学杂志》上发表了《文化与归因》一文，这使彭凯平成为全球文化与跨文化沟通心理学的早期研究者之一。

分为哪些阶段呢？

彭：19 世纪物理学的结构主义对心理学的影响很大，就像物理学家要研究分子、原子，从 1879 年冯特[1]创建心理学开始，他就是要研究人类心理的结构，往下去分解，人类心理的最小结构是什么？意识的基础是什么？冯特说就是我们的感知觉，所以他就研究视觉、触觉这些感知觉的影响。到了美国的威廉·詹姆斯[2]，他说这个结构永远搞不清楚，我们就研究人怎么用它，这个叫功能主义。功能主义其实跟哲学的实用主义是一样的，威廉·詹姆斯跟杜威[3]都是同时代的人，那个时代美国就是研究实用主义。但是欧洲始终没有受到美国实用主义的影响，因为欧洲人觉得这个太低级了，要研究一些神秘的东西，再加上欧洲的大战，使得他们没有条件去做美国人的那种基础研究，只能凭着自己的智慧在那儿构造出人类的心理世界。你看弗洛伊德、荣格都是欧洲人，他们都是研究那些形而上的神秘主义的东西。

[1] 威廉·冯特（Wilhelm Wundt，1832—1920），德国生理学家、心理学家、哲学家，于 1879 年在莱比锡大学创立世界上第一个专门研究心理学的实验室，标志着心理学成为一门独立学科。

[2] 威廉·詹姆斯（William James，1842—1910），美国机能主义心理学和实用主义哲学的先驱。1875 年建立美国第一个心理学实验室。1906 年当选为美国国家科学院院士。

[3] 约翰·杜威（John Dewey，1859—1952），美国哲学家、教育家、心理学家、实用主义的集大成者，胡适曾师从杜威。

彭凯平

人生就是一梦，问题是，你愿意活出一个什么样的世界

许：更像一个作家，一个思想家。

彭：对。但是战争结果是美国成为世界霸主，美国的影响就开始向全世界推动，开始兴起行为主义。行为主义就是把功能主义推到极致了，功能我们也搞不清楚，是不是有用也不明白，那我们就看他怎么做吧，这就是行为主义的产生。但是战后行为主义慢慢消失，开始兴起社会心理学，讲社会和文化的影响。

许：我对社会心理学特别有兴趣，战后出现一批了不起的思想家，他们将社会心理跟整个社会形态的变迁联系在一起分析。

彭：这里头最有代表性的就是文化人类学。文化人类学的奠基人，两个女性学者，一个叫做玛格丽特·米德（Margaret Mead），一个叫做鲁思·本尼迪克特（Ruth Benedict）。本尼迪克特的《菊与刀》就是研究日本的国民性格，她发现军国主义的教育方式造成了日本人服从甚至盲从，不讲人情的严格的纪律。

许：她其实从来没去过日本。

彭：所以很多日本学者对此不以为然。在这个思想影响之下，我们中国也有很多人研究国民性格，比如鲁迅，为什么他对中国传统文化持如此批判的态度？因为他认为这里头有很多阴暗的人格特质，"棍棒下面出孝子"、三纲五常，等等。那么到二十世纪五十年代，有几个从德国逃出的犹太裔教授，想要解释为什么平时那么优雅的德国人，听着贝多芬，弹着莫扎特，读着歌德，转身就把其他无辜的人送到毒气室里去。他们猜测这跟德国早期的教育方式有很大的关系。但最终发现很难用实证研究证明出来。

这里面有个很重要的人物，库尔特·勒温[1]，他领导了美国社会心理学的兴起。他是犹太人，在德国受迫害，逃到美国去，先是在爱荷华大学，后来在密歇根大学，创建了一个研究领域，叫团体动力学，讲人如何受到团体的影响、社会的影响。他本来是学物理的，他把物理学的概念"场"引入社会心理学，发现我们就生活在社会场，我们无时无刻不受到各种能量的影响，我们人的所有行为其实不只是个人的选择，不只是受人格、家庭这些影响，也受到社会环境和团体很大的影响。

库尔特·勒温等于奠定了美国的社会心理学，他有一个学生很厉害，叫费斯汀格[2]。费斯汀格很好玩，他打入一个邪教组织，这个邪教组织的头儿是一个老太太，而且这个老太太一点文化都没有，但她说话斩钉截铁：

[1] 库尔特·勒温（Kurt Lewin, 1890—1947），场论的创始人，美国社会心理学的先驱，团体力学主要代表人物。
[2] 利昂·费斯汀格（Leon Festinger, 1919—1989），美国社会心理学家。他提出的认知失调理论有很大影响。1959 年获美国心理学会颁发的杰出科学贡献奖，1972 年当选为美国国家科学院院士。

地球在 1951 年的 12 月 31 日会终结，但是你要信我的教，上帝会救我们。到了那一天 12 点钟，洪水没来呀，上帝也没来呀，费斯汀格就观察这些人怎么办，结果老太太出来，说宣布一个好消息，就是因为我们的虔诚，我们改变了地球的命运，所有人热烈鼓掌。费斯汀格专门写了一篇文章，当预言破产的时候，人不会说预言是错的，而会说就是因为我们信，才造成它的改变。最后他提出一个很有名的理论叫认知失调理论，人要出现两个认知不一致的话，肯定要改变一个认知，有一个认知改变不了，就是已经发生的事实，所以只能改变没有发生的这个认知。为了证明这一点，他做了很多实验。费斯汀格一下子在美国成名，他就成为社会心理学第二个祖师爷。

他培养的一个学生叫做沙赫特 [1]，沙赫特又培养了一个人，就是尼斯贝特，我的老师。尼斯贝特成名的工作是关于人类认知的偏差，他多次被提名诺贝尔奖，但没给他，其实他是应该得的。

许： 当时你跟尼斯贝特读书，他的研究风格是什么

[1] 斯坦利·沙赫特（Stanley Schachter，1922—1997），美国社会心理学家，主要研究上瘾和情绪。他认为人情绪的来源有两种途径：一是生理反应的回馈，二是对于反应的自我认知评价。1969 年获美国心理学会颁发的杰出科学贡献奖，1983 年当选为美国国家科学院院士。

样的？

彭：他是一个很认真的人，对我影响特别大的就是他的使命感。1994 年我发表那篇文章之后，福特汽车公司高薪聘请我给他们的高管上跨文化的心理学课，他们给我一个机会，去做大中华区的高管，钱很多。那是很大的诱惑，所以我就很兴奋，我找尼斯贝特，说你给我写个推荐信，结果他拖了好长时间不给，我就急了，然后尼斯贝特把我叫到他的房子里。那天我记得很清楚，在他的一个小花园里，两个人喝啤酒。他说，上帝派我们人到地球上是有目的的。我当时不以为然，我不信教，觉得有点过了。他接着说，你想过没有，我是一个很有名的美国教授，你不知道是从哪儿来的一个中国人，结果我们在密歇根这边合作，而且我们做出了这么优秀的论文，你的使命绝对不是去福特做一个高管，你的使命就是要做心理学。他这么一说，我就有点震撼，他对自己的使命有一种确信。我也没想到他把我看得这么重要。我就不好意思了，觉得我还真的应该老老实实做学问。

许：过了三十年、五十年，有人会查这个论文，没有人在乎福特那个高管。

彭：对，我没有后悔过。

许：1997 年，密歇根大学毕业之后您去了加州大学

伯克利分校任教。为什么选择去那儿呢？

彭：伯克利加州大学心理学系有将近一百年的历史，我是第一个华人教授。我这个人喜欢做别人不做的事情，另外也是希望能够让中国的面孔在全世界各个地方呈现出来。这是田长霖[1]教授给我的话，他说我当上了伯克利校长，那么我们华人的面孔全世界都知道了。田长霖教授对我的影响很大，他说，不要做别人做过的事情，尤其在美国，你要做别人做过的事情，很容易被美国白人的种族主义者给鄙视下去，但是你做第一个，起码有存在的价值。

所以我也是这样，我现在虽然钱不多，地位不高，影响不大，但我永远有个信念安慰，我是第一个。这个对人非常重要。所以我经常鼓励学生不要都去考公务员，千军万马都当公务员，有意义吗？

许：那 2008 年为什么决定回国呢？

彭：是内外因的交互作用。那一年我正好在国内休假，清华大学要创建心理学系，希望我帮忙，我就去全球招聘，但是不知道为什么，我推荐的系主任，学校都

[1] 田长霖（1935—2002），传热学家、教育家和社会活动家，美国国家工程院院士，加州大学伯克利分校的首位亚裔大学校长。曾获得美国国家工程院奠基人奖章、香港大紫荆勋章。2000 年，中国科学院紫金山天文台发现的一颗小行星，以他的名字命名。

不同意，我就很纳闷了，最后我才知道，他们从来没想过别人，就是我。我心里就觉得好像我有这个责任。加上我本来就是做文化心理学的，中国当时正处于一个变化的时代，我觉得在这个历史的关头能够作为心理学者参与观察，记录，研究，也很有意义。

许：而且您也是第一个。

彭：也是第一个，我创建了这个系，即使这个系搞得不好，将来清华历史上我还是第一任系主任。（笑）我在美国我都知道将来会干什么，因为我的那些同事退休以后，周游世界，写书立说。看到自己三十年之后是什么样子，其实挺恐怖的，我回中国来，永远不知道明年会发生什么事情，中国等于变化。

许：回来后是什么契机转向了积极心理学呢？这和您之前在美国的研究是不一样的。

彭：中国当时有一个很有意思的调查，《人民日报》调查中国老百姓：你认为自己是不是弱势群体？居然有80%的人认为自己是弱势群体——普通群众认为自己是弱势群体，官员也认为自己是弱势群体，小贩认为自己是弱势群体，城管也说自己弱势。那到底谁是强势群体呢？你说这怎么弄呀？肯定有误差嘛。所以我觉得这个时候中国社会可能需要一些心态的改变。2009年彼得

森 [1] 教授来北京做了一个报告，讲的是积极心理学，如何去调整自己的心态，如何活出美好的生活，我一下子找到一个理论支柱。以前我不信这些东西，我觉得理性重要，情感不重要，现在我是积极心理学的皈依者。

我回国后做积极心理学，尼斯贝特教授还很生气，觉得积极心理学太虚了。他说我们不要研究 ordinary，要研究 extraordinary。说白了积极心理学研究普通人。我自己反而觉得，普通人才是我们应该关注的。

许： 您倡导积极心理学，然后把积极心理学和王阳明联系在一起，我很好奇，怎么用相对科学、现代的语言解释他的心学呢？

许： 阳明心学虽然有点古老，但它的智慧还是正确的，只不过他那个时候还没有科学的方法去印证，没有太多的逻辑推理和数据支撑。比如"知行合一"，阳明心学说得很清楚，知就是行，行就是知，二者是一回事儿，那么有没有心理学的证据证明这一点呢？有。1990年加州大学的一个教授叫劳伦斯·夏皮罗（Lawrence Shapiro），他就提出来一个心理学概念，具身知识（Embodied Cognition），所有的知识通过视觉或听觉

---

[1] 克里斯托弗·彼得森（Christopher Peterson），美国密歇根大学心理学家，出版有《积极心理学》《习得性无助》等。

进入大脑后都会变成神经元的联系，成为一种网络。

许：这样啊！

彭：对，知识不是抽象符号概念，它进到大脑就变成神经元的网络联系在全身激荡，所以你看到一个笑字，就觉得字也在对你笑，看见个哭字，就觉得它在掉眼泪，为什么？情绪油然而生。一个人谈论青春，说着说着头抬起来，胸挺起来，手舞起来，为什么？因为知识对身体是有影响的。后来我的一位同事，伯克利加州大学的心理学教授乔治·莱考夫[1]，他就把这个具身认知翻译成肉身知识，所有的哲学都是合乎肉体的。身心合一，知就是行，行就是知。某种意义上讲，我认为阳明先生是对的，只不过是五百年之后的我们才能够证明。

许：所以过去从来都是崭新的，等待你重新去发现它、诠释它。

彭：对，我希望把心学的智慧融入积极心理学里头，可以说我的积极心理学就是王阳明心学的科学版，或者叫 21 世纪的心学版本。

---

[1] 乔治·莱考夫（George Lakoff），美国加州大学伯克利分校语言学系教授，认知语言学的创始人。著有《女人、火和危险的事情》（*Women, Fire, and Dangerous Things*）、《道德政治》（*Moral Politics*）、《别想那只大象》（*Don't Think of an Elephant!*）。

　　　　　　　　　　＊　＊　＊

　　许：这帮孩子对心理学都很感兴趣，来，你们有什么问题，趁这个机会问一问。

　　女生1：我们经常听到说，"不幸的童年需要一生来治愈"，您怎么看待这种观点呢？

　　彭：其实不需要一生，需要一念，这个一念就是积极的信念。我们都知道著名心理学家马斯洛，他的童年是非常不幸的。马斯洛说过，他小时候童年最大的快乐是养了猫，结果他的妈妈看他过得开心，觉得违背了受苦受难的教义，就把猫给弄死了。我们现在听都觉得毛骨悚然，但他借由心理学的指导，掌握科学的方法转变了思想，合理认识自己，理解童年发生的一切。很多时候人的转变就是这么一念之差。不需要一生，就是一念。

　　许：这几年中国社会也非常流行谈论原生家庭。

　　彭：某种程度上，原生家庭并不一定给所有人都带来伤害，有些人其实可以超脱原生家庭的伤害；你现在的亲密关系，也可以重塑原生家庭给你留下来的影响。所以说人是可以超越的，人是可以变化的。我们不是被过去决定，我们是被未来感召，这是人和动物最大的区别之一。动物是经验主义，它是由过去的经验来决定的，比如说老鼠钻迷宫，它钻了以后就永远这么做，但人可以在那谋划策略。

女生 2：面对那些无法克服的心理障碍时，怎么办呢？

彭：有一些可以参考的小方法：第一个就是深吸一口气，别人骂我，我很生气怎么办？告诫自己猛吸几口气，别急。深呼吸可以抑制你的交感神经活动，让你淡定一些，它是有科学道理的。交感神经是人亢奋的时候特别容易出现的。例如杀人的时候一定要喊"杀"，都是把气呼出去。反其道而行之，把气吸进来。

第二，找到地方发泄，转移情绪也很好。关在一个地方，你就喊一喊；做一些冥想放松，转移自己的注意力。总之，做一些小事情，甭管做什么。

另外，要知道，没有人不产生负面情绪。很多人对积极心理学有误解，它并不是要求大家永远积极，其实体验失败，品尝痛苦，感受愤怒都是有意义的。很多爸爸妈妈一看孩子不开心就特别着急，立马找过来。别这样，其实他痛苦，你可以默默陪伴他。感受痛苦和失败，这对他未来也是有好处的。为什么很多人输不起，因为他从来没有体验过输的感觉。有输有赢，收获的是强大的心理。

许：有时候大家过分强调生活中那种快乐的东西，

好像一切都要顺利才好，情感的丰富性似乎被去掉了。

彭：你如果从来没有体验过痛苦，你也很难产生强烈的幸福，这都是相辅相成的。不要怕挫折、失败、痛苦这些负面情绪，这些很可能是你成长过程中一个特别重要的契机和精神力量。

许：我也有一个问题，对他人的同理心很重要，但我们又不可能真正理解对方。欢乐比较容易分享，但痛苦可能难以言传。我们如何面对他人的痛苦呢？

彭：有一个很有名的耶鲁大学的心理学教授叫保罗·布卢姆（Paul Bloom），他写了一本题目很惊世骇俗的书，《反对同理心》（*Against Empathy*）。他认为情感同理这太苛求了，我们应该认知同理，而不是情感同理。意思就是说，面对别人的痛苦，可能我们得想想他产生痛苦的原因是什么，他需要得到什么，我能做什么，然后去帮助别人。如果只是从情绪出发，别人的痛苦你无能为力，很多时候反而会对自己产生负面的影响。当然也有一些临床心理学家不以为然，这个问题在学界还是有争议存在的。

男生：今天我们生活在这样一个纷扰的信息社会，几乎所有人都被注意力分散所影响，怎么能够坚持活在此刻，然后全情投入呢？

彭：著名心理学家米哈里（Mihaly Csikszentmihalyi）

教授提出的一种状态，叫做 flow，就是说你做一件事情能够沉浸其中。一开始有人翻译成"心流"，我觉得还是翻成"福流"好一点，一是发音比较近，再一个福流是我们汉代已经用过的一个词，可惜失传了。

许：汉代就有 flow 了？

彭：来自东方朔，他发明的一百二十多卦里，有一个卦叫福流卦。如何产生这样一种 flow？米哈里教授提出来三个很重要的要素，第一个就是要坚持目标，不要三心二意；第二个需要能力和挑战匹配，就是说这个挑战要比能力稍微难一点，太容易了，你觉得很无聊，太难也不行，受打击。找一件事情，对你有点挑战，但是你又能通过努力做得好；第三一定要有内在力量支持，而不是说追求结果或者外在的评价。那么做事情这三个要素结合起来，坚持、有一点难度、内心充实，基本上你就可以进入福流状态。

我们老以为快乐是一种感性，
其实它是一种智慧，你得超越，你得练习

许：请您看看我们的书店。

彭：有了书意境就不一样了。

许：也是个躲避空间。

彭：它是一个心灵的家园。这比我们当教授有趣得多。

许：没有，很烦的，天天怕它倒闭。

彭：对，你要维持。

许：这本摄影集，《稍息：1981—1984 年的中国》，挺有意思的，拍的就是您刚上北大的时候的感觉，一个在中国待了四十几年的意大利摄影师拍的。

彭：太亲切了，感觉这都是我的同学似的，长的样子也像，衣服也像。

许：那时候 80 年代刚开始，重新学会恋爱，可以这样手挽手。

彭：他的视角非常敏锐，抓得很准。

许：如果从一个社会心理学家的视角来回看 80 年代，该怎么去描述那样一个场景？

彭：我觉得 80 年代是青春期的躁动，它有理想主义，有生命的活力，有一种舍弃一切往前跑的精神。对我们来讲，那时候确实是一个青春激荡的时候，可以跳舞了，可以穿花衣服了，可以谈恋爱了。

许：但它又是一个经过创伤之后的时代。

彭：对，就像对我们个人来说，很多青春期的问题，包括婴儿期、儿童期的一些心理创伤，会潜移默化地影响我们。"文革"的创伤在某种程度上也会影响到我们。比如说那一代人怕穷，这是很明显的，因为青春期没吃饱饭。那一代人比较追求地位和权力，以前受打击、受迫害，就知道地位和权力多重要。那一代人在某种程度上对国家命运的关怀也是比较重的，因为他们知道集体的力量有多么强大。这些都跟早期的一些经历有关系，贫穷、饥饿、政治的权力影响，在他们身上还是有反映的。

许：那么一个社会怎么传递这些呢？比如说这代人受过巨大的创伤，这代人体验过集体的力量，这些经验怎么传递到下一代？看起来好像每代人都要重新过一遍，好像承接不了这些经验。

彭：这就是心理学家发现的让我们沮丧的地方，时代精神很难传，传承下来的是文化基因。时代精神它就是一代人，所以我现在越来越意识到，我们无法告诉下一代的人应该怎么做，代沟永远存在的。

许：这点您什么时候比较明确地意识到？

彭：就这几年。我刚回国的时候还充满了理想主义，觉得我可以影响下一代，但现在我已经感觉得到，这几年虽然我的影响还在，大家也尊重我，我讲学术大家肯定是听的，但我讲人生道理，其实已经对下一代没有任何的吸引力，至少是很有限。

许：那有挫败感吗？

彭：没有，我现在有一种超然感。每一代人有每一代人的责任，每一代人做自己该做的事儿，这就够了。他们不一定会比我们做得差的。

许：您年轻的时候经历过那种社会心理的巨大变化，最近这一两年又有怎样的感觉？

彭：是，我觉得又到了一个很重大的历史变迁的时刻，这个剧变是怎么变？往哪儿变？真的很难说。我曾经相信我能够参与到一种积极的变化里去，现在我觉得不好说，有很多思潮、观念、现实的限制，不好办。所以我自己此时此刻是有种宿命的感觉。

许：咱们中国人的宿命感其实都还挺强的，在心理学意义上怎么解释这种宿命论呢？

彭：美国有一个心理学家叫塞利格曼[1]，他把宿命叫做"习得性无助感"，一切都是由他人、由历史、由规律控制，你做什么都没用，这种宿命感变成放弃，变成绝望，就会出现很多身心问题。所以塞利格曼教授就提出积极心理学，他认为无助是习得的，你遇到很多的事情让你产生这样一种宿命感，反过来你得慢慢找到自己的快乐，找到自己超越的方法。这个就是塞利格曼教授的建议，叫"习得性快乐"。所以我经常讲，快乐是一种理性，我们老以为快乐是一种感性，就是傻乐，其实傻乐是人的一种智慧，你得超越，你得练习，你得去强迫自己快乐，要不然你得不到的。这种理性精神在积极心理学里头特别重要。这是塞利格曼教授一个很重要的建议，如何超越宿命，但也不容易。

许：超越不了，那就只能接受自己这种强烈的无力感、无助感吗？

彭：我个人觉得，人的本质还是要行动。为什么不叫快乐心理学、幸福心理学，叫积极心理学，因为积极是个更有行动力的词。台湾同胞把它翻成正向心理学，太理性了。有些人把它翻成幸福心理学，我觉得

---

[1] 马丁·塞利格曼（Martin E. P. Seligman，1942—）美国心理学家，积极心理学的创始人之一，主要从事习得性无助、抑郁、乐观主义、悲观主义等方面的研究。

又太浪漫了。

许：所以说光想是不行的，还是要靠行动。

彭：对，这个行动不一定要去改变什么，但是要去做，做自己能做的事情。做什么不重要的，只要行动起来就行，当然有科学指导的积极心理学的行动，可能效果更好一些，更适用一些，但是你自己找到一些化解压力的方法一样有用，唱个歌、跳个舞、洗个衣服、化个妆，都可以的。

许：我也感觉到，好像行动可以很大程度上消除你的无力感。

彭：四十多万年前，人类有一次伟大的心智革命，我们的前额叶开始发达，前额叶发达就开始想事，一想事就不太行动了。哈佛大学的心理学系主任丹尼尔·吉尔伯特（Daniel Gilbert）发现，那些过度思维的人最后就会行动偏少，老想为什么呀？为什么总是我呀？想得多，就什么都不想做了。还有一个，我们现在很多人出问题是太用第一人称视角，我烦，我要，我得不到，为什么就是我。但是换一个角度，从第三人称的角度，比如说凯平为什么这样，知远为什么这样，你就变成上帝的视野，那就对自己分析得比较清楚。

许：小孩子不就这样吗？小孩子会说自己的名字。

彭：因为小孩还没形成自我，我们是自我感受太深了。

许： 所以要跳出来看自己。

彭： 对，用第三人称看自己，是一个心理治疗的方法，也有人把它叫做心理隔离。

许： 我们进入社交媒体时代，互联网的世界可以很快形成一种非常大的社会情绪，过去几个月我们就集体陷入一种无力感，对这种现象，从心理学的视角怎么去看待或者应对呢？

彭： 在社交媒体时代，我们生活的世界，第一个特点就是情绪的大规模感染。比如人以前如果做了一件坏事情，最多周围的人知道，换一个地方就行。现在你无处遁形，一个丑闻出来，全世界都知道，你很难改头换面。第二个特点是大规模的同步效应，瞬间产生爆发性的影响。你一看自己的言论被十万人百万人抨击，这个感觉还是很可怕的。因为人对群体还是敬畏的，这是我们进化的本能。第三个就是信息茧房。我们感受到的完全是自己选择关注的事情，或者说大数据精准投放想告诉你的事情，所以你完全生活在精准化的投放里头，这也是人类世界以前没有的一种倾向性。网络世界的一些工具特性，现在开始变成我们生活的特性。

许： 它会造成一种什么样的人格呢？

彭： 这是很好的问题，我觉得有四个比较突出的人格变化，我们现在已经逐渐感受得到了。一个就是丧失自主。为什么呢？因为在现实生活中我们可以决定做什么事情，现在进入社交媒体，很多人是被驱使着，被外界期望着，你的自主性就下降了很多。

第二个就是从众。现在的矛头是什么，关注的是什么，大家在干什么，这些别人都知道的事情，我怎么不知道呢？就把自己过多的精力花在迎合社会的需求上，所以这种从众的倾向性也比较强。

第三个，极端的自信。我看到的、我知道的，就是跟我自己喜欢的、想要的东西一样，这种封闭带来一种盲目的自信，完全不了解真实的情况，丧失自己的谦卑。你知道人有一种谦卑和敬畏其实是特别重要的，现在在这个虚拟世界里头，真的是无所畏惧，甚至到了自大和狂妄的地步，也是挺可怕的一种现象。

第四个，就是人际的疏离。比如以前我们谈恋爱需要找对象去追求，还都梳妆打扮，还得文雅修饰自己，现在的网络世界里头，你不用一秒钟，就可以看到裸体，就可以满足自己的性欲，这个对我们人类伤害还是很大的。所以我经常讲，这种 instant gratification，即刻的满足，是很麻烦的事情。我们千万不要低估性的冲动，人类文明的进步，我们很多的艺术作品、文学作品，很大程度上是由性欲在驱动，性的力量是很重要的，但是在虚拟世界里头不需要，所以我特别担心，人类的这种创造精神可能会丧失。我刚刚说的是对人格心理比较人的四个影响。显然，现在这个伤害已经出现了，比如说年轻孩子的自杀率在上升。有个现象叫 Z 世代，就是指 1995 年之后出生的这一批孩子，他们的自杀率、抑郁症要比以前的孩子高。为什么？他们是数字技术的原住民，他们成长的时期，正好是网络信息时代高速发展的时期，他们的世界就是社交媒体世界。以前的孩子去做义工还有兼职，现在没有了，现在孩子们全在网上待着，造成他们的社会体验不够，社会关系缺失，所以出现很大的问题，男孩低欲望，女孩多抑郁。男孩都宅着，也不上课，也不谈恋爱，也不出去玩，也不做饭，跟父母亲也不交流。女孩子对人际关系比较敏感，就容易抑郁。尤其她们在社交媒体上晒自己的照片，晒自己的生活，一堆无聊的人攻击。韩国现在很明显，特别漂亮的女孩子基本上没有不受到语言攻击、网络攻击的，所以她们自杀率特别高。而且越是优秀的女孩，自杀率越高。年轻少女的自杀率现在超过了男孩，这是以前没有的现象。

许：这种语言暴力，它的伤害性不可低估。

彭：不可低估。我们老以为拳头打人伤人，其实最伤人的是言语的伤害，心理的伤害。

许：心理学包括社会学的兴起，跟工业社会兴起有很大的关系，所以那时候涂尔干他们研究自杀。现在信息社会彻底地兴起，这种现象又开始出现，而且带着新的特点。

彭：对。涂尔干的理论就是说人际关系才是自杀最大的原因。我们以前认为宗教还有经济压力是原因，他发现最主要的是人际关系。人际关系让你产生异类的感受，而这个异类的感受，得不到社会的滋润、支持，就很容易产生自杀。现在这种年轻人自杀的问题出现，也跟这有关系。在这个虚拟世界里头，没有真实的人际关系的支持，它是一个虚拟的社会关系，又往往是恶意的，所以对孩子们的伤害比我们想象的要大。

许：很多人觉得在现实社会中受困或者有各种各样的束缚，所以逃到虚拟世界，但事实上，这也是一种虚假的刺激。

彭：是的，所谓虚拟世界，其实是人心的世界。很多人以为虚拟世界是一个技术产物，其实虚拟世界全是大脑的产物。为什么？因为是你自己的大脑受到影响，你进去产生的这个化身，英文叫 avatar，是你自己认可的，是你自己的大脑创造出来的一个世界。

许：我们戴一个头盔，就可以黄粱一梦不断地做。

彭：我们的人生就是一梦，问题就是你选择相信什么，你愿意活出一个什么样的世界来？每个人都生活在自己的梦境里头，确实是这样，但是也不要忘了，我们每个人又是其他人的社会。

大概是从 2004 年开始，有人开始研究虚拟心理学，有一个学者做得最早，美国加州大学圣塔芭芭拉分校的布拉斯科维奇[1]，他在加州大学建了一个特别大的虚拟实验室。我是他的学术顾问之一。他想看看人在虚拟世界里头是不是受到现实世界的心理的影响，就让人去选择在这个虚拟世界里头的化身，男的、女的，漂亮的、丑的，高的、矮的，你完全可以自由选，但是有一个身份很难变，是什么？是他的 taste，味觉，他在现实世界爱喝咖啡，到虚拟世界里头让他恨咖啡做不到。这可能就解释了为什么中国人漂洋过海到海外发展，永远要吃中餐，因为那可能就是我们人一个最基本的自我认识。

许：就是你被你的 taste 定义。

彭：对，所以这个虚拟世界里头的自我延伸，其实也受到一些生物本质的影响。人可以去构建虚拟的世界，去畅想未来自己独特的一种梦境，可能这个梦境，离不开的还是你自己的生理感受。也就是说，人要想找到自

[1] Jim Blascovich，加州大学圣塔芭芭拉分校虚拟环境研究中心的主管和联合创始人，他使用沉浸式虚拟环境技术来实证研究虚拟环境中的社会影响过程，包括整合、非语言交流、协作决策和领导力。著有《虚拟现实：从阿凡达到永生》(Infinite Reality: Avatars, Eternal Life, New Worlds, and the Dawn of the Virtual Revolution)，科学出版社，2014。

己内心的安定，可能还是要获得那些生物的感受，我们的吃，我们的喝，我们的性爱，我们的味觉、嗅觉、听觉、触觉，这些东西可能是我们人特别重要的心理本质。我经常讲，你得摸摸自己，你得闻闻鲜花，你得看看漂亮的男孩儿女孩儿，这个时候你就能唤醒心的感觉。所以说，世俗也是我们人高贵的一种特别重要的基础。

现在更需要的
是理性、智慧、社会的建设和进步

彭：哎呀，又见面了。

许：对呀，突然跟您见面，因为从上次见面到现在又有了很大的变化，就想和您聊聊。

彭：挺好挺好，欢迎来清华。

许：学校什么时候恢复正常开学的？

彭：今天第一天。清华大学封闭三年之后，今天第一次学生在线下上课，我的第一堂课有 13 个学生，还挺开心的。

许：我这几个月第一次出国，都不适应去机场，有点胆怯。

彭：是是是，你想想那对孩子们的影响更大了，有些孩子三年前出生，一生下来就看到大家戴口罩，现在突然发现大人不戴口罩了，对他的冲击多大？估计就像一个文明人突然发现自己没穿裤子的感觉。我就遇到过一个小孩说，哎呀，那个叔叔不戴口罩，他觉得是大逆不道。

许：我挺好奇的，这三年日后怎么作用在他们的成长上？会有这样的研究吗？

彭：国外有过类似的研究，比如说美国人研究"婴儿潮"。"二战"结束后，打仗回来的成千上万大兵，同一时间结婚，同一时间生孩子。研究就发现，很多嬉皮士、吸毒的人、反战的人，是这些大兵的孩子。这一批父亲打过仗，出生入死，觉得孩子好不容易出生，就随他，于是就有了反叛的一代。那么我也在思考，这一批中国孩子，他们会有什么样的社会心理变化？但是我觉得很难预测。为什么呢？因为咱们中国的 social engineering，社会改造，还是很厉害的，能够产生什么样的心理变化，不完全是由父母亲和孩子的心态决定，还跟政府、社会有关系。所以为什么中国人的宿命感比较强？就是我们深刻意识到大形势、大局势、大环境的影响，永远超过个人。甭管你怎么努力，你都是时代的产物，可以是时代的幸运儿，也可以是时代的弃儿，这就很难说。这也是在中国做研究一个独特的地方，很难从个人的角度去分析，还得要看整个的国家发展和社会发展。

有一个心理学教授叫迈克尔·邦德（Michael Harris

Bond），他有一个观点，中国的心理学永远是社会心理学，美国的心理学永远是临床心理学。美国人一辈子的问题，就是要解决我自己的烦恼。中国人一辈子的问题是如何在社会中适应、成长、成功。所以我不敢预测。

许：我们去年6月份见面的时候，每个人感觉都像心头蒙了一层雾，有点轻微的窒息感，现在您内心的感觉是什么样呢？

彭：有一种解放的感觉，我们终于回归正常的生活，人还真的不是封闭的生物，人是一个行动的、开放的、自然的生物，所以这种自由感非常强烈，由自由感就产生希望感，由希望感就产生快乐感，挺好的。而且你看中华民族这种快乐的天性，在某种程度上遗忘的习惯，就展现出来了。

许：会让您不安吗？

彭：从心理学角度来讲，我觉得也是非常正常的，没有必要指责，大家都那么反思，总要总结出一二三条，也没必要，对吧？但有一部分人是不应该遗忘的，而这些人并不是因为他们的地位高贵、学识超群，是因为社会责任和社会身份。

许：那您就应该是属于反思的那个小群体里的一个。

彭：我觉得你和我都应该属于这样的人，我们实际上喜欢把过去的事情再用理性的方式、全局的方式、比

十三邀 Ⅱ
你愿意活出什么样的世界

较的方式、逻辑的方式再过一遍，那不就是反思吗？但有些人选择遗忘，也是很正常的。有些失去亲人的人，不想回忆这样的事情，我们没有任何的道德制高点去指责他们，该遗忘的忘，不忘的也应该受到社会的尊重。喜欢想好事，也愿意做好事，这本身也是一种积极天性。所以去年 12 月我把它叫做"向阳而生"，就是说痛苦之后可能会产生一种升华、一种创造。正是因为这三年我们经历了痛苦，说不定在今年就会产生一个巨大的变化。

许：那您担心这么说会有点美化痛苦之嫌吗？

彭：美化的一个潜台词就是把它藏起来，把它抹杀，说我们没有受过痛苦，所以我并不承认我这个态度是美化，而是接受痛苦，超越痛苦，创造出更加美好的未来，应该不太一样。我们知道有一个概念叫 PTSD，就是创伤后应激障碍，真正在创伤之后出现 PTSD 的人其实不超过 30%，说明大多数人最后就好了。是怎么好的呢？这是我们关注的一个问题。还有一些人不光好了，还比以前更好，活出更加灿烂的生命，也就是 PTGD（Post-Traumatic Growth Development），创伤后的成长，这也是尼采的思想。

许：凡杀不死我的，都使我更强大，是吧？

彭：对，我相信有不少人是有这种 PTGD 的冲动的。这也是所有英雄叙事的基本规则，没有一个英雄一开始就是英雄，一定是经历磨难、打击、痛苦，最后才超越自己的困境，成为真正的英雄。我们现在确实是遇到了很多的挑战、挫折，但正因为这样，可能反而让我们更加地发愤图强，更加地超越自我。

许：其实某种意义上改革开放也是这样一种感觉。

彭：所以我经常讲，中国令人振奋的地方，就是中国人民太厉害了，那种赚钱的冲动，是一种本能的冲动，只要放开，只要给他一点自由，一定会比以前花更多的力，一定吃更多的苦，一定跑更远的路。

许：有时候我们把整个社会的、集体的，甚至制度上的困境，内化成一种自我的承受力，因为你要个体独自面对这些事情，去接纳和包容这一切。这是不是也是一个挺大的伤害？

彭：你说得特别好，我现在都已经决定重回社会心理学。这个学期我上的两门课，一个叫文化心理学，一个叫社会心理学，就希望从积极心理学这种个体的体验转入文化层面和社会层面。我希望讲一讲社会的动力、群体的狂妄，以及这种制度上的设计，如何让我们人变好或变坏，也希望让一些学生产生思考。学术嘛，它不一定总是绝对正确，它肯定有时代的偏差，尤其社会心理学很多研究是西方做的，那我们必须承认它有一些文化的偏见、局限，怎么把它和中国社会结合起来，这是我们这一代学者可以做的事情。所以我其实已经有点不太聊积极心理学，最近我都不更新我的微博了。

许： 您倡导积极心理学也有十年了吧？

彭： 十年了。积极心理学，对很多人在黑暗中间的挣扎，冰河中间的徘徊，提供了一种希望感，一种力量感，我的讲座那么多人听，其实因为大家需要，但是我觉得现在更需要的是理性、智慧、社会的建设和进步。我们不能白白受这个苦，对吧？我们一定要总结出一套好的经验、教训，这个就是刚才谈到的，总有一些人不要遗忘，那不遗忘的方法，最好还是用科学的方法。

再比如，我们的改革开放，在人类历史上 40 年实现人家 200 年工业革命的成果，起码在制造业方面，我们确实是伟大的进步，这个进步是应该有社会科学家包括我们心理学家来做一些研究分析的，但是我们也没有认真分析，我们在这方面的社会心理学的研究几乎是空白的。所以我当时回国，确实是满怀信心想观察、记录、参与这样一种变化，但是在某种程度上不幸或者是幸运，我开始搞积极心理学，我也很开心，我也没有后悔，只是说我的学术方向，确实发生了一些变化。那么现在，我想还是要把中国的社会心理学做起来，疫情三年对我最大的影响，可能就是这个。

许：回到年轻时候的方向。

彭：对。

许：这是一个挺妙的个人变化。您是不是快要上课了？

彭：还有一点点时间，我们可以去看看四大导师。

除了陈寅恪，王国维、赵元任和梁启超在清华教的都是心理学，赵元任教的是语言心理学，梁启超教的是佛学心理学，王国维是教育心理学，这说明二十世纪的初期，中国心理学实际上是非常发达的。

许：他们那个时候怎么看待心理学呢？

彭：王国维其实是把心理学作为理学对待的，他觉得研究物理世界有物理学，研究心理世界有心理学。psychology 整个翻译就是王国维先生定义的。

许：心理这词是王国维翻译的？

彭：是的，很多人不知道，所以说王国维才是心理学的奠基人。在王国维之前也有中国人翻译过心理学，翻译成灵学，为什么？Psyche 在希腊语里头是灵魂，有人按照这个意思把它翻译成灵魂学，或者灵学。显然灵学也没法在中国社会生存下来。

许：结果一个心理学的创造者、定义者，最后自杀了。

彭：这里有误解，很多人以为他是对清朝的殉葬，其实他是对现实的不忿、不满，在某种程度上是一种抑

十三邀 Ⅱ
你愿意活出什么样的世界

郁，也是一种抗争。那个地方就是王国维他们的雕像。

许：咱们走过去，走到心理学的缘起。在中国的转折时期，心理学进入中国，那也是中国人上一次非常强烈的精神危机的开始，面对社会和文化秩序的动荡，心理学对他们来讲是一个很重要的新的自我发现的方法，是不是？帮助中国人重新去应对这个危机。

彭：确实是。蔡元培先生当年去德国学习的时候，他就要学心理学，他是跟心理学奠基人冯特上过课的。我去莱比锡大学查他的考勤记录，发现他真的很认真地听课。但是辛亥革命的呼声越来越强烈，蔡元培先生就义无反顾地放弃了学术道路，开始走上政治的道路。他们这一代人对心理很重视，认为改变社会要从改变人心开始，正是因为他们试过很多改变社会的方法，效果并不是特别好，推翻一个军阀，又来一个新的军阀，打败一个贪腐的政权，又来一个贪腐的政权……最后觉得要从普通人开始，要从每一个人心开始，这是这些人开始做心理学的原因。后来清华大学就成立了心理学系，可以说，那个时候中国心理学的发展和世界基本是同步的。包括那时候清华大学的几任心理系主任，都是哈佛、斯坦福、芝加哥大学等国际一流大学培养出来的一流心理学家。可是 1952 年院系调整，就把心理学全取消了。主要是受苏联的影响，不知道为什么，苏联在

1938 年的时候突然宣布心理学是伪科学。

我们到了，就在这儿，你看。

许：就在这儿。他们生活在当时的 20 年代，现在又是一个新的 20 年代。

彭：我们面临的任务也是一样，所以你也看出来，我是觉得从人心的变化开始，还是可以去做我们的工作，效果就是在天了。

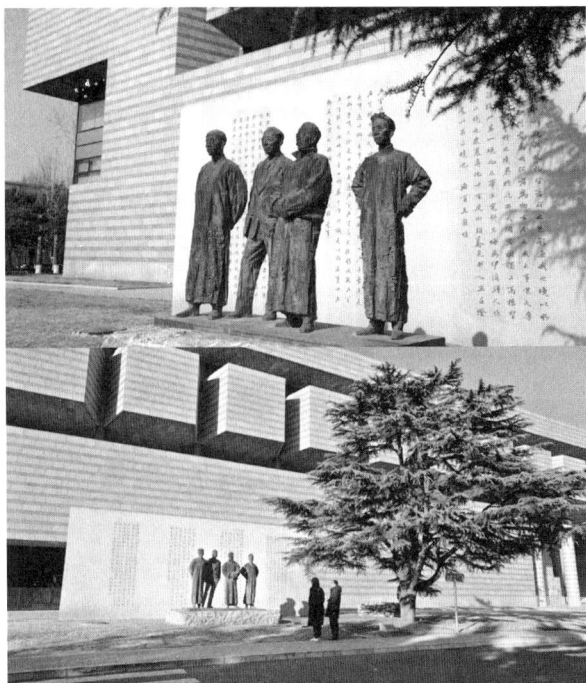

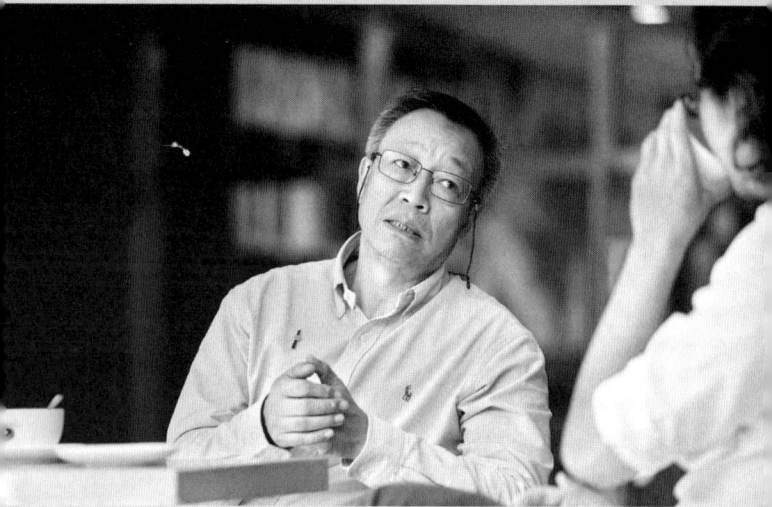

张双南

离宇宙更近一点

张双南

1962 年出生于河南省驻马店市

1984 年获清华大学工程物理系学士学位，随后就读于中国科学院高能物理研究所

1989 年获南安普顿大学博士学位

1989 年在宾夕法尼亚大学从事博士后研究工作

1992 年入职美国航空航天局马歇尔太空飞行中心及大学空间研究会，担任高级科学家

1998 年入职美国亚拉巴马大学亨茨维尔校区，前后担任助理教授、副教授、教授

2002 年入职清华大学，担任特聘教授

现任"慧眼号"天文卫星等空间科学项目首席科学家

中国科学院高能物理研究所粒子天体物理重点实验室主任

中国载人航天工程空间天文与天体物理领域专家组首席科学家

高山书院顾问委员会委员

我们约好在黑洞边缘喝威士忌。

如果张双南的论断准确，黑洞并不一定吞噬一切，你可能寻找它的漏洞，逃离那个无边无际的引力。

这也是这位天体物理学家的浪漫之处。他不相信宇宙会陷入一片死寂，总有一线光明与生机。

从玉泉路的高能物理研究所到稻城的观测基地，张双南在黑洞与美学之间穿梭。尽管对后一个话题，我半信半疑，但这丝毫不影响欢畅与热烈。

张双南
离宇宙更近一点

我希望，对于宇宙的认识，
我们的贡献在教科书里面能够多一些

张：你们正聊着呢。

许：张老师！

张：欢迎来到中国高能物理研究所。和青年人聊得怎么样？

许：挺开心的，他们正给我科普呢，带我在高能所逛了逛。

张：中国的第一封电子邮件就是从高能所发出去的，1986年，所以中国的互联网是从这儿发展起来的，和美国的第一条高速通讯光缆，也是从我们这儿出去的。这是我们很骄傲的地方。

许：所以这是中国跟世界连接的一个重要端口。

张：对。前几天我们还和韦伯望远镜联合观测了一个黑洞，是他们要求我们来做的，因为我们也经常观测那个黑洞，就配合做了这个观测。全世界的各种望远镜在那个时刻都对准了一个黑洞。

许：有意思，像集体汇演。刚刚我正和他们聊，正好您来了，也想问您，天文学家最有创造力的黄金年龄段是什么时候？

张：也是他们这个年龄。

许：三十岁出头是吗？

张：但是天文学家持续的时间会稍微长一点，因为天文学需要的积累比较多，以前的观测资料现在也还有用。

许：有点像某种历史学科的感觉，经验起作用。

张：我们叫存档数据的研究，所以我们的观测数据都是永久保存的。但是最有创造力的年龄，就是三四十岁的时候，所以他们是最有创造力的。

许：多好，成为天文学家是一个慢慢的过程。我看过您一些资料，一路从驻马店到清华到 NASA（美国航空航天局）……小时候您在驻马店的生活是什么样子呢？

张：特别怀念，怀念在哪儿呢，就是不用上学。（笑）上学就是随便对付一下，而且三天两头就不上学。

许：混乱中的自由。

张：对，大人的那种焦虑，我们作为孩子不太感受得到，大人所经历的是另外一个世界，孩子就是玩嘛。

现在想起来，那时候问过父母一些很幼稚的话，为什么炒鸡蛋的时候加那么多菜，为什么不能全部是鸡蛋？因为不理解嘛。

许：您父亲母亲是什么样的人？他们对您影响大吗？

张：都是知识分子。我父亲是山东大学学中文的，所以我的语文跟他很有关，小时候他逼着我背东西写东西，我后来坚决不学文科，就是因为我实在是受不了了。

许：逃离父权，是吧？

张：对。另外，那个时候大家也还是更重视理工科。

许：那时候不都说，"学会数理化，走遍天下都不怕"？

张：对。

许：我看您十几岁的时候，人生设想是上个师范，做个老师。

张：这是我父母一直跟我这么说的。因为那个时候你要下乡，下乡之后表现不错，再推荐出来，就能上师范了，对我来讲那就是最好的出路了。然后就听说恢复高考了，记得那时候我正在我姥姥家玩，我爸骑着自行车就到了，把我抓到自行车座上说，现在恢复高考了，回家读书去。

许：这么戏剧性啊。

张：对，就把我抓回去了，回去我就恶补了一小阵。

我父亲是军人出身，所以他特别想让我上军校，但是呢，我妈和我姨不想让我上军校。我爸不在的时候，她们就密谋，把我报考的第一志愿从国防科大改成了清华工程物理系。

许： 您的命运是这么被决定的。

张： 但我从来不后悔任何事情，既然是这样，那就这样了。而且我是特别容易被人忽悠的。我们专业是做铀浓缩的，老师一讲这个专业有多重要，原子弹靠这个，核反应堆、原子能、人类的未来就是靠这个，讲得激情洋溢，我就觉得学这个特别好。

许： 人生设想就改变了。

张： 对，我上中学的时候，丁肇中获得诺奖，还有之前获奖的李政道、杨振宁，他们当时是超级明星，华人里给我们中国人挣了最大的面子的就是他们几个，而且又都是研究高能物理领域，所以我上中学的时候其实有这么一个梦想，做高能物理。我去美国念博士后的时候，当时可以选择，我一想，我中学时候的这个梦想，是不是可以圆一下？就做了高能物理博士后。

许： 那个小小的种子是中学时就有一点了。

张： 对，很崇拜他们，只不过那时候你不觉得会和自己有什么关系，他们是神话。

许： 您进清华的时候，是什么感受？

张：对我来讲，最大的冲击是学习条件真的是很好。我读的那个高中是县里面最好的高中，但我们教室也没有椅子，就是凳子，一个长凳子，上面坐两到三个人，最后一年比较先进了，变成方的凳子，一个人坐的，但它也是一个凳子。结果大学教室都是椅子，竟然是可以靠着上课的，还有阶梯教室，我觉得好神奇。

许：完全是一个新的世界。上了大学之后，意识到自己将来就是要做一个物理学家吗？或者说对未来志向是清晰的吗？

张：你读微电子计算机专业的时候，能想到你今天做的这个职业吗？

许：完全想不到。

张：我也完全想不到。只不过我们那时候也不需要想这些事情，因为我们的工作是包分配的，所以我的未来，规划也好，不规划也好，都是确定的，甚至于明确地知道，我大学毕业要分到哪个核工厂。但是到我快大学毕业的时候，就可以考研究生了，其实我那时候也已经意识到我不适合做工程师。

许：为什么？

张：因为也去实习过，就觉得和自己原来想象的在深山里面、沙漠里面那种科学家做的事情不太一样。

许：没有那种浪漫主义精神。

张：对，没有那种浪漫了，觉得在工厂里面就是那样了。反正我是思想不够安分，就和老师讨论考研，老师动员我到科学院去读空间物理。考完之后，我当时报考的导师就建议我到高能物理研究所来，说最推荐何泽慧[1]先生那里。

许：何先生不就属于那种英雄式的科学家？

张：对对，英雄式的嘛，何先生为我们国家做出非常重大的贡献，我非常仰慕，所以眼睛一亮，就来了。我是 1984 年来的，那会儿社会也发生很大的变化，所以我觉得我是特别幸运的，在我的价值观还没有完全形成的时候，接触到很多新的东西，让我知道，这个世界远远比清华大得多，远远比我原来以为将来要做的事情多得多。

许：整个视野一下打开了。

张：对，后来去英国留学，就是单位派出去的，也是特别幸运。

许：当时是什么样的契机？

张：当时我们和英国南安普顿大学有合作，想推动发射一颗 X 射线天文卫星，然后研制 X 射线望远镜，

---

[1] 何泽慧（1914—2011），核物理学家，被誉为"中国的居里夫人"。1936年毕业于清华大学物理系，1940年获德国柏林工业大学工程博士学位，1948年回国，与丈夫钱三强一起创建原子研究所。

那边天文学科的负责人到北京访问，我担任翻译，他回国后就邀请我和另外一位老师去他们学校访问，主要是优化望远镜的设计和研发探测器。我是 1986 年 11 月去的，1987 年秋天正式注册成为留学生，在那边待了三年。

许：您很少谈英国的那段经历，为什么呢？

张：那会儿很长一段时间我其实是不太舒服的，我在英国了解得更多的是他们那种骄傲的文化，他们对我们的文化不太尊重的，在那种情况之下你没有丝毫的文化自豪感。所以在英国留学期间我是老老实实学习，觉得可以学的东西太多了，我们落后太多了。那个时候从来没有想到过，有一天能够和这样的文明平起平坐地对话。

后来我到了美国 NASA 马歇尔太空飞行中心之后，在那个地方做出来一点微不足道的成就，他们看到 NASA 对这个成果的重视之后，给我发了一个邀请，邀请我回到我读博士的地方，作为那个团队的教授。

许：真好。

张：我才找补回来一点。（笑）英国人这一点，我还是很佩服的。因为在英国，基本上一个团队一个教授，教授主导这个团队未来几十年的发展。我那会儿刚做完博士，非常年轻，邀请我的人，也是我博士期间的指导导师之一。他们邀请我去做教授，就是作为那个团队的负责人。我说我的导师、副导师都还在那里工作，我怎么可能作为整个团队的负责人呢？他们就跟我讲，英国的传统，从来都是一个新的人来带领团队发展，当年牛顿、霍金等都是这样的，这样我们才能保证创新。

但是说实话我做不了这个事情，我无法想象作为那个团队的负责人来领导我曾经的老师。今天我也做不到。中国文化不是这样子的，我们尊师，一定要在老师的领导之下做。但也许我们也挺需要这种传统的。

许：需要，非常需要。

张：但是要摆脱传统文化对自己的影响，真的不容易。我特别希望这些年轻的研究员能挑战我，批评我，他们做不到。

许：1992 年您去 NASA 后，对那里的第一印象是什么样的？那边的工作氛围怎么样呢？

张：特别有意思，我第一天去报到的时候，我的老板杰拉尔德·菲什曼[1] 不在，他留了一张条子，我以为是给我分配工作任务，结果条子上写着，我也不知道你能干啥，你想干啥就干啥，我去度假一个月，回来你告

---

[1] 杰拉尔德·菲什曼（Gerald J. Fishman，1943— ），美国天体物理学家，主要研究伽马射线天文学。

诉我你想干啥。

许：这么自由！

张：这个团队最重要的就是思想自由，它从来没有给团队任何学术思想上的约束。

许：当时您在美国发展得很好，何先生他们找您回来的时候，您是什么感觉？

张：那个时候我在美国也到了天花板。我特别想做NASA天文卫星的首席科学家，但是NASA明确告诉我说，不加入美国国籍就不能做。我又不想加入美国国籍，那我的未来就这样了，就在办公室里面带研究生，一直到退休为止。这对我来说是非常可怕的一件事情，如果我现在就能看到我退休那一天，我为什么还要活到退休那一天呢？就是在这种情况下，我的老师邀请我回国工作，做"慧眼号"天文卫星，也折腾了很多年，现在还在天上跑着呢，跑得还挺好。

许：所以您回国是因为这个而起。

张：对，这是主要的。另外一个，我在国外教书的时候，讲的东西全是欧美人的成就，心里很酸。

许：理解理解，正常的文化自尊。

张：我这一代人，仅仅是意识到这个问题，但是呢，我们可能改变不了这个问题，我希望，我们的下一代能够改变这个局面，使得对于人类、对于自然的认识，对于宇宙的认识，我们的贡献，在教科书里面能够多一些。

许：这个信念是什么时候开始有的呢？

张：读大学的时候就有了，把我自己和科学和中国的前途明确地连在一起，从此之后在英国也好，在美国也好，这个信念就没有再放弃过。所以我从来不会忌讳说自己是一个民族主义者。

许：其实一个人可以同时是民族主义者和世界主义者。

张：我觉得是。作为一个世界主义者，我关心人类共同的命运。但作为民族主义者，我特别在乎我们中国人在世界上的地位。这并不矛盾。

2014年，美国NASA发布了一个禁令，禁止我回到实验室，特别有意思的是，亚拉巴马大学公开抗议。我是很感谢的，在那里，我感受到，每个人都有国籍，也都有国家认同，热爱自己的国家，但是作为一个科学家的良知，作为科学共同体的良知，从来没有消失过。

你以后黑洞旅行还有机会出来，
跟我一起喝威士忌

张： 我平时都是站在这里工作的。

许： 站着工作效率更高。

张： 主要是站着说话不腰疼。（笑）我站着的另外一个原因是，经常有人过来找我，当然都是有事的，我不会请人家坐下，我就站在这儿，对方也站在这儿，一般人没有我能站，所以事说完，就得走了，你要是坐下就不知道坐到啥时候了。

许： 这很重要。（笑）这个工作习惯多少年了？

张： 大概 2007、2008 年的时候，就是腰间盘不好，站起来的话，应力分布就比较好了。所以自从我站起来之后，就再没有坐下去了。

许： 看到您的奖章了，"最受欢迎的科学家"。您在科普的时候，发现公众对什么最感兴趣？

张： 宇宙到底怎么来的，有没有外星人，黑洞到底存不存在，黑洞周围到底发生什么……

　　许：我想起来，您是我遇到的第一个发现黑洞的人啊，这是我离黑洞最近的一次！发现黑洞是什么感觉？还发现两个，是吧？

　　张：对，能够比较确认的，至少两个。那个时候，天文望远镜，也就是伽马射线望远镜还比较少，所以要发现一个新的伽马射线源或者新的 X 射线源，还不是太容易。然后那会儿我在 NASA 工作，杰拉尔德·菲什曼特别鼓励那些乌七八糟的想法。我说，其中一个小组的事情，我是挺感兴趣的，但是我的想法和他们不同。他说好，你就按你的想法来做，别理他们。

　　我当时的想法简单来讲就是一种新的图像处理方法，卫星绕着地球转，每转一圈它都被地球挡一次，背后的数学和医学的断层扫描是一模一样的，它就是对天上做了一个扫描。如果天上有新的源，而且比较亮的话，我们就能知道了，所以很快我们就发现了新的黑洞。

　　许：这个方法是怎么想出来的？

　　张：我到 NASA 之前，也不知道能找到什么工作，所以要找一些垫底的，就投简历给了一家医院。它是做医学成像的，为了面试，就了解了一些它的东西。我发现也不难，既然背后的数学是一样的，他们做医学成像的算法，一定是能用的。

许：所以是把另一个学科搬进来了？

张：对，就很奇怪地引用了一篇医学论文。我们成像用的软件，我记得是用 75 美元从一家医院里面买到的。

许：这跨度也太大了！所以这篇论文出来，等于您在 NASA 的地位就确认了？

张：还算是挺重要的一篇文章，发表在《自然》杂志上。在那之前没人这么干，以前也在那儿猜，这里会不会有一个源，位置到底在哪儿，猜得非常困难。有这个方法之后，天天产生天图，那会儿我办公室里面成堆的都是这些天图。

到了 1996 年，有一天，我记得是周五晚上，我看到一个非常亮的新的天体。有时候发现一个天体，就是个运气，你发现的时候觉得很亮，亮就亮呗，对不对？这种事情，每一两年也会发生一次的，当时没想到这是一个特别重要的黑洞。它前面特别干净，好像就是亮相等在那儿，让我们把它测量清楚似的。而且它还产生相对论性喷流，速度非常接近光速，黑洞所处的位置又非常合适，因此对这个黑洞参数的测量非常精确，它就是那种教科书上作为案例的黑洞。

许：完美的黑洞。

张：完美的，就等在那儿，让我们把它研究清楚的一个黑洞。这是非常激动人心的时刻，因为这是第一个，后来再发现就没这么兴奋了。第一次的时候特别兴奋。

许：您说为什么这些年公众对黑洞有这么大的兴趣呢？

张：它带来一种很强烈的神秘感。我们都知道，只要有引力你就会被引力束缚，你想逃离引力束缚，只要速度足够快就行。那么问题就来了，如果光速是极限的话，你跑得再快也不能超过光速吧？但如果一个天体它束缚的能力超过了光速，会发生什么事情？这就是科学上很有趣的问题了。在有广义相对论之前，这个问题就提出来了——宇宙当中会不会有这样的天体，它的引力太强，以致你的速度达到光速也跑不了？理论上说应该有，但是它不容易存在啊，它附近到底会发生什么，很显然这对科学家而言是致命的诱惑，公众也很好奇。

许：对一个神秘又充满能量又不可解释的东西的好奇。

张：有次做科普报告的时候，一个听众问我，掉到黑洞里面去，真的就没救了吗？你如果相信我的话，你以后黑洞旅行还有机会出来，跟我一起喝威士忌。

许：还能逃逸出来？

张：我们的计算结果是可以的。

许：这是怎么回事儿？

张：黑洞以前不叫黑洞，叫冻结星，就是说，它的视界面是时间停止的地方，人往黑洞落的时候，你最后挥一下手，我们在外面看到的就是这一幅图像，再也看不到别的了，冻结在黑洞视界面上了。科普书包括霍金的书上都写了这个。对我来讲这是很奇怪的一件事情，如果是这样的话，那到底掉没掉到黑洞里面去？大家又说其实是掉进去了，就是你没看着。我就觉得接受不了。那怎么办？也没有别人给出答案来，我就只好自己做研究。

许：所以这是您研究黑洞的推动力。

张：我就想搞明白这个事，有时候钻牛角尖也是科研的一种乐趣，别人说服不了我，我也说服不了别人，那我就自己做嘛。然后就开始计算，真的是没有超纲，就用广义相对论做计算。计算的结果是，我们能看到他掉进去——这和以前的结论不一样；而且他掉进去之后，不会一直往里面掉，不会掉到中间的奇点去，所以我们在论文的摘要里就写了，黑洞中间没有奇点。这是不是惊世骇俗的？大家都认为黑洞有奇点，都接受。如果是霍金不接受，那大家都会觉得是个事，张双南不接受，无所谓，对不对？所以很多人很诧异，我们这篇论文竟然被发表了，而且是在非常主流的杂志发表的。当然这个过程非常艰辛。审稿人觉得我们的结论违反他们认为的常识，让我们详细解释计算的依据是什么，他们想找出计算的漏洞，找不到。既然找不到，最后只好发表了。

许：这是 2009 年发表的。

张：2009 年。这个年份很有趣，黑洞必然在宇宙当中形成，是 1939 年两个物理学家做了一个计算得到的结论，谁呢？奥本海默（Robert Oppenheimer）和哈特兰·斯奈德（Hartland Snyder）。

许：你们在挑战奥本海默。

张：按照以前的理论，你进去之后，一头扎到奇点那个地方去，就没了，就变成能量了。七十年后，我们认为这个结论是错的。物质塌缩，是变成了黑洞，但是掉进去后到不了中心的奇点，这个玩意儿不是个奇点。

许：所以我掉进去后还能出来。

张：能不能把你救出来，取决于这个黑洞会不会和别的黑洞发生作用。如果你进去之后，另外一个黑洞过来，撞上之后，会把这个视界面临时撕开一点，你看到这个情况立刻往外逃，还是有机会出来的。

许：我的意识都是清醒的？

张：对，在里面没事，一直清醒的。

许：这说得好像你跟一个人陷入恋情的黑洞，突然另一个人出现了，把你解救出来了。

张：这是我的理想，我希望是这样。因为如果不这样的话，宇宙的演化会变成一个我不能接受的局面。按照以前的理论，什么东西进去都不能出来，那么给它很长的时间，是不是宇宙当中的东西都掉到黑洞里面去了？啥也不剩。

许：您是对这个逻辑结尾的逆反。

张：我是非常不喜欢这个逻辑。你想我们今天的宇宙多么丰富多彩，现在我们看到的美丽的星空，以后全是黑洞，啥也看不着，多无聊。我坚信宇宙不能这样，不能变成死寂的宇宙。

许：所以科学家既是观察实验的产物，更是信念的产物。

张：你必须得相信一点什么事情，总得有点理想，而且这个理想是自己觉得骄傲的理想，是能说服自己的理想。

许：您跟科学家同行讨论，大家什么反应？

张：我现在说服了挺多人的，只不过还没有被这个科学共同体接受。

许：什么时候有可能会被更广泛地接受呢？

张：学术界是非常难改变的，但是没有关系，因为我们每个人的寿命都是有限的，从科学史的角度来讲，几十年一个理论不得到证实，不得到承认，那算什么呢？我谁也不说，我就写文章就完了。所以有些人觉得张老师疯了，但是呢，张老师平时也不像个疯子，怎么在这件事情上疯了？既然大家觉得我在这件事情上疯了，这件事情就是我的业余爱好，那可以吧？我就自己做。

许：把宇宙从黑洞的吞噬中拯救出来。

张：这个事情我觉得还是挺有意思的。我还有一个业余爱好，就是研究我们的大脑如何审美，如何理解什么是美。

许：对您来说，美和科学之间有什么关系？似乎所有的科学公式都追求简洁优美。

张：这实际上还是挺难回答的一个问题。比如哥白尼提出"日心说"，实际上是他的审美观起了作用，他认为以前的规律太复杂了。再比如保罗·狄拉克[1]，他对于对称性的追求达到了极致。

许：他好像很偏执的。

张：他偏执，他认为方程的美超越了现实当中所有的可能性。如果我们在实验当中看到的事情和他的方程

---

[1] 保罗·狄拉克（Paul Adrien Maurice Dirac，1902—1984），英国理论物理学家，量子力学和量子电动力学的奠基人之一。1928年他把相对论引入量子力学，建立了相对论形式的薛定谔方程，也就是著名的狄拉克方程式。1933年与薛定谔共同获得诺贝尔物理奖。

说的不一致，他宁愿相信方程所给的结果，因为这个·是最美的。很多大物理学家，就迷这个对称美、简洁美，迷得不得了，他们取得了很大的成功。

于是问题就来了，难道宇宙、自然的基本规律真的是被对称性支配的吗？我觉得未必。我们想要追求的、理解的，是自然的规律，凭什么自然的规律要和你的审美有关系呢？自然还有复杂的、不简洁的那一部分，它的美反映在什么地方呢？这是很奇怪的一件事情。然后不同的人为同一件事情美或者不美又去吵架。有时候我们看这个艺术品没有任何感觉，有人给我们讲了一通之后，就感觉好美，发生了什么？这里面一定有底层的科学，我们没有搞明白。这是我自己提出的问题，我自己去解决就好了。所以这是我的另一个业余爱好，甚至比我黑洞的业余爱好爱得还狠。

许：您也不在乎这个行业的人觉得这两个研究都很业余。

张：我不在乎别人怎么看待我的黑洞理论，也不在乎别人如何看待我的美学理论，我只是特别开心我又理解了一点。

许：那我问一下，如果有一天您离世了，您希望大家铭记您的成就是什么呢？

张：其实作为个人，我不觉得在历史上必须留下能够记录的东西。就是——我讲过很多次，刚刚也讲过——我们中国人对于教科书里边的贡献比较少，希望我和我的团队对于科学的贡献，能够在教科书里面留下来。

许： 到目前为止，您觉得您的哪个发现可能留得下来的？

张： 有些人觉得我对于黑洞性质的认识，比如说如何测量黑洞的自转这件事情是可能留下来的。这是我和我的两位同事——都是华裔科学家——提出来的，这个方法现在已经进入很多教科书了。

许： 那您的愿望不是已经实现了吗？

张： 部分实现。是不是以后永远是这样呢？那不一定。而且我觉得，在美国时做的事情，那时候是觉得很牛啊，现在回想起来其实不算什么。真正我觉得比较牛的东西，也不是因为我自己，是因为我的学生比较牛，才做成的。有一天林琳跟我说，张老师，有一个天体干了一件什么奇怪的事情，咱们"慧眼"望远镜是不是观测一下。我说你这太不靠谱了，以前你让我看的都是坑，啥也没看着，不过反正你老师掉坑也不止一次了，再进一次坑也就这样了。结果就做了一个了不得的发现。

许： 怎么给我们这种门外汉解释这个发现的重要性呢？

张：我们发现了快速射电暴，是来自　个中了星。为什么我说这件事情比较牛呢？以前不断地发现这种现象，但始终不知道是什么天体来的信号，甚至包括霍金，觉得可能是外星人发出的信号，所以这事就变成天文界的一个未解之谜。结果没想到，这一次我们发现了，是来自她让我观测的这个中子星。这个发现成为2020年的《科学》杂志和《自然》杂志各自发布的当年十大科学成就之一。

许：那真厉害呀！

张：所以这也说明一件什么事情呢，你得相信年轻人的创造力比你厉害。

许：这其实是很幸福的时刻。

科学家绝对不是不食人间烟火的人，不食人间烟火啥都干不成

许：张老师！

张：许老师，欢迎来到我们国际领先的高海拔宇宙线观测阵列。

许：太神奇了！我觉得我们马上要星际穿越了。这些石头，好像是各种陨石落在这儿一样，视觉的冲击还是非常直接的。刚刚心怦怦跳几下。

张：是觉得缺氧了。

许：对，主要是缺氧。

张：这里海拔4400米。在这儿基本的行动指南就是慢走、慢说话。我在这儿的反应就是经常会说胡话，推导公式推导不下去，然后和人吵架的话经常会输，脑子运转得不是太好。（笑）

许：为什么观测站选这里？除了海拔足够高之外。

张：这是个先决条件，要高。其次这个观测站占地

面积很大，所以在非常高的地方，还要有足够平的一大块地方，否则施工量就太大了。另外交通条件还要比较好一点，这里离稻城机场比较近。然后还要有水源。

何先生是最早推动我们到山上去做宇宙线的，我们国家那时候其他科研条件不好，我们就有山，就到山上放一些探测器，然后我们沿着这个方向一直做下来了。

许：所以某种意义上这也是何先生的遗产。

张：对对。

许：我觉得这种石头，光秃秃的山，已经很像科幻片里面那种感觉了。

张：我们有时候走在这儿就说，好像火星啊。

许：这些土包……如果一个外星人飞过我们这个地方，会以为这是一个非常壮观的墓地。

张：实际上也可以说是墓地，所有这些高能的粒子最后被我们接收到，死在我们的探测器里面了。

许：这么一说好诗意，为外星文明修的墓地。

张：凡是落到这个圈里面的每一个粒子的生命，都是有意义的。它们生命的最后一刻，我们记录下来，让它们的意义彰显出来，否则它们就浪费了。

许：您看这边写着"宇宙无限"，这边写着"信使有痕"。

张：这个"信使"就是指的宇宙带来的信息。

十三邀 Ⅱ
你愿意活出什么样的世界

许：你们就是接收这个信息的。

张：对。前两天刚发生一件非常重要的事情，银河系以外的一个大质量的恒星爆发，产生了一个黑洞，在这个过程当中产生了非常高速的喷流，里面产生了伽马射线。以前我们也关注到很多伽马射线，但是这一次观测到了有史以来能量最高的伽马射线。那个时候，我们的"慧眼号"天文卫星恰好就在这个上面，那个信号，也被"慧眼号"天文卫星接收到了。我们特别高兴，这是第一次我们的卫星和地面探测器同时观测到了一个事件。我们团队的成员现在正在非常紧张地分析。

许：这要是何老师知道，肯定特别开心。

张：对，何先生会很欣慰。

许：有多少科学家在这儿工作？

张：高能所有四十来个科学家做这个项目，整个项目团队有几百个科学家，还有其他单位包括国外的科学家。观景台在那里，我们走上去，视野会好一点……

许：上来就看得很清楚了。无数个土包接收外太空的信号，告诉我们宇宙当中发生了什么事情。

张：每一个信号到达探测器的时间，我们要精确知道。精确到什么程度？1秒的10亿分之一。因为我们就是靠不同探测器接收到信号的时间的不同，来确定射线是从哪个方向来的。

许：太神秘了！所以霍金说得多有意思，望远镜去看遥远的太空，接收的都是它们过去的信息，多少光年以前的信息。

张：那是的。有一次我在南京大学做报告，那篇报告的题目叫做《宇宙考古学》。

许：说得太对了。在这儿特别有"念天地之悠悠，独怆然而涕下"的感觉，咱们就不"涕下"了。

张：我在想象，曹臻[1]老师自己一个人在这里走的时候，会不会感觉非常好？你想，他一开始在脑子里面构想这个东西，然后画成草图，争吵到底弄成什么样，最终把它弄成放在这里了。

许：真有成就感。

张：可不容易。弄钱是最难的，现在还在发愁弄钱，建成之后还要运行它、维护它，然后还想给这些年轻科学家涨工资，这个不是那么好涨的。很不容易，要管的事情太多了，特别心疼曹老师。

其实我们特别希望只安心做我们的科学研究，不管别的事情，但是你不管别的事情，就没有这个观测站。

许：遥远的观测，但是问题又是很现实的。

---

[1] 曹臻（1962—），高能宇宙线实验物理学家，高海拔宇宙线观测站首席科学家，中国科学院院士，主要从事粒子天体物理方向的研究。

张：所以科学家绝对不是不食人间烟火的人，不食人间烟火啥都干不成。

许：得有企业家精神。

张：而且要跟各种各样的人打交道。

许：还要陪我们这些科盲来参观。

张：这一部分就显得特别重要了，希望能够呼吁一下，让我们的实验能够得到更多的支持。真正在站内工作的人是很辛苦的。我在外面也经常这么说，希望能够给予我们这些年轻的科研工作者足够多的关怀。现在年轻人的生活压力特别大，即使宇宙是很浪漫的，但是眼下的生活更直接，所以可能浪漫不起来。我觉得我这一代其实是特别幸运的一代。

许：60后一代挺浪漫的。

张：是的，尽管当时我们的条件也不好，但是和社会上其他人比较起来，我们是比较好的。

许：而且生活总是越来越好。

张：是向上的，而且我们还受到了尊敬。时代不一样了，今天的年轻人面临的困难，我们没有经历过，他们很难，很难。以他们的才华，如果到私人企业、到外企去，挣的工资要多很多，但是就是为了这份理想嘛。我们高能物理研究所能够做这么多的事情，这些年轻科学家的付出绝对是最主要的因素。

他们这种付出我们看在眼里，真的是非常心疼。你想这些年轻人，孩子刚出生，刚上小学、初中，他们愿意付出，但是他们家庭怎么办呢？不能说因为你们的工作，孩子不管了，家庭不管了，这不行。所以我常常想，要想尽一切办法改变他们的处境，得给我们这个时代的年轻科学家足够的尊重，这个尊重我认为就是让他们的子女，让他们的家庭不要因为他们投入这个事业而受到负面的影响，至少要解决家庭的后顾之忧。

许：您真是一个浪漫主义者加一个理想主义者。

张：我觉得，知远，我们都是理想主义者。

许：当然，理想主义者是可以看到对方的，是可以辨清对方的理想主义的。

张：不管在这个世俗的世界遇到什么样的事情，理想主义者的一个好处就是我们能够忘掉那些暂时的困难，我们坚信我们能够做到的事情。

许：我们这代人其实是有责任的，我们受过这个时代给我们的好处，我们要回报。

张：你说得完全对，所以我从来没有回避作为一个有良知的人该发出的声音。我是理想主义者加上乐观主义者。悲观主义者，很难前行。

许：我觉得保持乐观是理想主义者的责任。

张：说得太对了。

＊　＊　＊

许：站在这儿，张老师，我念一首您写的诗吧。《引力波和纠缠态》，"那些年当我还在远方流浪，你的情影从宇宙深处飘来，也许是爱因斯坦的引力波，在我的心田里你一直荡漾。也许是量子力学的纠缠态，在我的周围都是你的气场，我们一起激发起那道光芒"。这太，清华男生……

张：（笑）有点有点。

许：我很好奇，您当时怎么写下这些诗的？

张：我个人的认识，什么情况下才能写诗？你必须得处于一个激发态。所以我写这个东西，一定是处于激发态的时候才能写。

许：科学发现需要这个激发态吗？在天文学这个领域里面，对科学家来讲，这种非常厉害的分析能力、逻辑能力、推理能力，与想象力之间的关系到底是什么？哪个会起更主导的作用？

张：科学需要严密的逻辑，要有理性的基础，没有这个其他根本没法谈。但是呢，如果没有跳跃的话，完成不了这个创新。没有发挥、创造、超越，你仅仅是工匠而已。是你的创造力，使得你成为我们敬仰的科学家。

许：我现在觉得做一个天文物理学家，太有魅力了。

张：我完全同意这个说法，这很酷。宇宙当中发生了某一件事情，我们是第一个理解的人，然后告诉地球上的人，到底发生了什么事情，这非常浪漫。

许：所以伟大的发现者本质上都是浪漫主义者。

张：你说的是对的。如果想到你是这个宇宙当中第一个了解这件事情的人，我觉得，这种骄傲，这种自豪，超过了所有其他的骄傲、其他的自豪。

许：说得太好了，太动人了。那在这么多伟大的发现者中，您觉得谁是最伟大的天才？

张：那肯定是爱因斯坦。弗里曼·戴森[1]在美国科学院做过一个演讲，他认为科学家有两类，一类是鸟，一类是青蛙。鸟在上面，是看不到下面的细节的，但是鸟瞰下去，会把整个图景看得很清楚，所以它知道下一步要飞到哪里。青蛙永远不知道它这一辈子生活的地方有多大，但它把附近看得极为清楚。鸟型科学家最著名的当然是爱因斯坦、杨振宁先生这些人，给我们的印象是这类科学家还是牛。但是别忘了，他们之所以能建立

---

[1] 弗里曼·戴森（Freeman Dyson，1923—2020），早年追随 G. H. 哈代研究数学，"二战"后去了美国，师从汉斯·贝特和理查德·费曼等人，开展物理学方面的研究工作。1953 年后，一直在普林斯顿高等研究院担任教授。

这样的理论，是基于无数个青蛙科学家的工作，他们把这些细节搞清楚。所以戴森说，这两类科学家都重要。

许：那您觉得您是像鸟的气质还是青蛙的气质？

张：应该说，我从鸟的雄心开始，到现在做的大部分工作是青蛙的工作。

许：对，咱们今天上午看了一个巨大的青蛙，趴在那个山上。

张：我们这个行当，有理论家，有实验家，有观测家。我的饭碗是实验家，但是我的论文是观测家，所以我去申请实验项目的时候，吹牛吹的是我的观测，但是我的业余工作做的又是理论，所以不同圈里的人看我是不一样的。我记得有一次开会，有人说你们作为理论家怎么怎么样，我说我不是理论家，我是实验家。我旁边那个很有名的科学家拍着我说：南，这是对你很高的褒奖，从来没有人说过我是理论家。其实做科学的，都有个理论家的梦想。

许：对，那算王冠。那您什么时候意识到自己天赋的局限性的？

张：上大学之后很快就意识到了。因为人家一两百年前就弄完了的东西，我们现在学起来还这么吃力，那显然智力不是一个层级的。所以曾经有一段时间，有一个科学理想幻灭的过程。

许：幻灭有点痛苦吧？

张：当然很快就不痛苦了，因为发现有些比我牛得多的人也都认命了。其实最主要的是，我发现即使这些牛得不得了的人，也不可能解决所有问题，还有很多问题，他们没有解决，留给我们来解决，而且这些问题未必就一定是这些牛人都能够解决的。我们有限的能力，对于人类的大的事业，还是能够有一些贡献的。认识到这一点之后，信心有一些恢复。我觉得我今天做的很多事情，也是想恢复年轻人的这种信心，其实很多年轻人的信心已经被这些人给摧毁了。

许：是的是的，这太重要了！

张：我作为"文革"之后新三届的学生，基础是很弱的，下一代，包括我的学生，他们基础更好，水平更高，从这个角度来讲，我觉得有希望。

许：我们每一代人都要成为下一代人的垫脚石。

张：这是对的。

许：要做一个坚固的垫脚石，踩着我们可以走得更好。

张：曾经《科学》杂志的记者来采访我，张老师你觉得什么时候你可以放心了？我说当我的学生的学生能够唱主调的时候，我就放心了。

刘擎

人需要解释，需要明白自己的处境

刘擎

1963 年生于青海西宁

1985 年获上海东华大学化学工程系硕士学位

1994 年美国马凯特大学政治学系硕士毕业

2003 年获美国明尼苏达大学政治学博士学位，并任教于华东师范大学，主要研究方向为西方思想史、政治哲学、现当代西方政治理论

2020 年担任综艺节目《奇葩说》第七季导师，走入大众视野

著有《西方现代思想讲义》《2000 年以来的西方》《做一个清醒的现代人》等

很多时刻，刘擎仍让我想起那个少年演讲冠军。那是 1983 年的上海，青年宫每个周末主办即兴演说擂台赛，20 岁的刘擎连拿了七周冠军，并登上了《文汇报》。

他聪颖，口才了得，总能为熟悉的事物贴上新标签，将陌生事物放进你熟悉的框架。两种经验塑造了他。活跃的青年时代，从演讲到话剧，他在 1980 年代的文化热中，四处穿梭。1990 年代前往美国，在寂静中攻读政治哲学，从马克斯·韦伯到以赛亚·柏林，他也试图从远处思考中国的未来。

如今，他仍在热闹与孤寂中摇摆。即便在大众中再度流行，仿佛少年场景重现，他也仍然渴望深邃，并安慰自己，伽达默尔六十岁才写出自己的代表作。

早慧代替不了阅历，
我的阅历里面教训多于经验

许：今天天气真好。

刘：这两天特别好。人家说上海只有冬夏，没有春秋，现在好像还你一个秋天。

许：带我转转你小时候住的地儿吧。

刘：在汉口路。其实我出生在青海西宁，但是我小时候来过几次上海，还在上海读过幼儿园。因为我奶奶在上海，所以回上海就是在我奶奶那儿，汉口路 421 号。

许：这里离福州路也不远。福州路这一带，从晚清开始，就有特别多的报馆、书店、青楼、茶馆……《申报》《新闻报》也在附近。

刘：对，我小时候从汉口路一条弄堂穿过来就到了福州路。

许：小时候回来一趟很新鲜吗？

刘：那时候大家把上海叫洋气，它其实是一直保持现代的世俗文明。有个故事我讲过的，我姐姐生在上海，她一直留在上海，她们那时候的时尚是编织毛衣，但是织毛衣有一个资源特别少，就是花纹的样式。她们出来看电影，有一个罗马尼亚电影看了四五遍，里面的纹样，小伙伴画下来，过三天上海街头就有一种特别漂亮的白毛衣。那时候上海的文具也特别吸引人，还有年历卡片，这面是一张彩色旧照片，反过来是一年的年历，非常精致。这些东西我买了好多，其实最后也没用，不舍得用的，在家里作为艺术品放起来。

许：青海没有这些东西。

刘：没有没有，我觉得全国各地都没有，至少是没有这么精致。上海一直有这样一个传统，对于一种比较世俗的生活的享受……到了，这儿应该就是 421，现在已经没有了，大概 90 年代就拆了。

许：变成供电局了。

刘：这里本来进门一个大院子，有一排水龙头，水都是公用的。

许：是一个共同体。

刘：对。它像个大的四合院，多层的，相互可以观望，听家长里短各种各样的故事，特别有意思。我爸爸那时候还有一点小威望，所有人都叫他娘舅，像上海老娘舅，就是邻里有纠纷，当仲裁。

许：你父母谁对你影响大？

刘：我父亲的影响特别大。他有一种开明。我们这一代人，父母打孩子是通则，我父亲打完是要给你分析的，今天为什么打你，他觉得讲理是重要的，打是手段。有一天他回来又打了我，打完他说，你知道今天为什么打你？我说昨天我犯了一个错误，你昨天回来时很开心，就原谅了我，今天我犯的错误比昨天小得多，你竟然要打我，所以是因为你自己不开心，你才打我。从此以后我父亲再也没打过我。我第一次亲身体验到话语的力量。在我们家里，一直是可以批评父母的，虽然你的语气要注意。

许：这在当时算非常开明的了。你父辈那代人，很多知识分子都跑到西宁那一带建设吧？

刘：对。我父母是去西宁建广播电台。那时候是1950年代末，把上海广播电台各个部门抽掉一部分人直接移到青海去，他们刚刚二十出头，热血青年，就报名了。

许：作为祖国的两块砖，放过去。

刘：他们有一点负担，因为家庭出身不那么好，特别是我母亲还是资本家出身，住在茂名路、淮海路那种地方的洋房里，所以他们要用自己的革命行动洗刷自己。本来说是去4年就回来，但是后来去了21年。所以我出生在西宁。

许：你在那儿长到 15 岁，现在回忆起来，对西宁是什么样的记忆？

刘：天高云淡爬树，很自然的。我妈妈是上海广播合唱团的，她唱女高音部，去了之后就在青海师范学院做音乐教师，我们家就住在学校里。那个校园特别大，门外有一条河，我们就在那里玩。学校里有很多老师，有中科院的、北航的，后来我知道，其实有一些是"右派"。

许：从北京去到那么远的地方。

刘：是。我特别记得我家楼上有一个老师，有天晚上非常大声在朗诵，我就去他门口偷听，后来他打开门看到我，我问他在朗诵什么，他说在朗诵马雅可夫斯基[1] 的诗。我就觉得好酷，马雅可夫斯基。

他说中国有一个诗人叫贺敬之[2]，就是跟着他的风

---

[1] 马雅可夫斯基（1893—1930），苏联诗人。早期诗歌深受未来主义派影响：对现实有强烈的不满，用词夸张，意象怪诞晦涩。1914 年，第一次世界大战爆发，马雅可夫斯基开始写以批判现行的资本主义制度和反战作为主题的作品。十月革命以后，马雅可夫斯基与布尔什维克合作，参与新政权的文化建设工作。他从一个未来派诗人转变为无产阶级吹鼓手，一方面招来未来派的攻击，另一方面也受到俄罗斯无产阶级作家协会的排斥。这让他在精神上受到很大打击，加上爱情的失意，1930 年 4 月 14 日，马雅可夫斯基自杀，终年 37 岁。

[2] 贺敬之（1924—），诗人、剧作家。代表作有歌剧《白毛女》。

格学的。后来有　天在广播里我听到贺敬之的诗，《雷锋之歌》，一上来就是，"假如现在呵，／我还不曾／不曾在人世上出生，／……在这广大的世界上呵，／哪里是我／最迷恋的地方？"那是我第一次被诗歌打动。那个老师也经常教我朗诵。看那些诗，就知道他是个"右派"，他特别低调。

许：这些经历现在回想起来特别动人。

刘：是啊。我还有一个经历，很珍贵。我父亲那时候负责青海的有线广播网，各个县上来的那些学员由他来培训，哪个地方出问题了，他还去各地维护。他出差就带着我，去民和、果洛那些地方，我就跟那儿的小孩子玩。那个年代真的是有阳光灿烂的日子，自由生长。

许：青海那种松弛感，对你的性格影响是不是很大？

刘：那个环境挺好玩的。有一群上海人经常聚，另外跟当地也是融入的，那时候同学当中有很多藏族同学、回族同学。我总结起来，小时候就是各个地方的文化相互碰撞、交融、影响。

许：我发现这点还挺有意思，葛兆光老师跟我讲，他的世界主义的发源是因为他在贵州，在凯里，那儿很多苗族人。

刘：对，受到这种多元文化的影响。你看我特别明显的一点，在所有地方，很长一段时间都是有口音的。

在青海是有口音的，不会说地道的青海话；上海话是从小听爸爸妈妈讲，完全听得懂，但说呢，总是有点口音；然后去美国又是有口音的；再后来我去香港工作，也是一样。所以我对哪个地方都没有特别强的归属感，关系又是紧密又是疏离，既在其中又在其外，就会有一种世界主义的倾向。

许：你正式回上海是哪一年？

刘：1978 年。

许：考大学。

刘：对，其实 1977 年也考过，被两个学校录取了，哈尔滨工业大学，北师大数学系。但是我们家那时候重点是要回上海，不是上海不去。而且我自己也对上海有向往。

许：所以你第一次考上大学才 14 岁。

刘：我还差点去了中国科大少年班。那时候也会有焦虑，到底自己会成为一个什么样的人？好像周围人夸你读书好，那你到底是不是天才？为这个事情焦虑过。后来知道其实不是，就是比较聪明而已。

许：什么时候意识到自己的天分没有那么高，或者没有自己期待的那么高？

刘：进大学以后，我读的是化学工程，特别想转到纯数学或者物理，但后来看到有几个人，就知道他们真正是有天赋的。我一直不太喜欢自己的专业，不过读得还是蛮好，本科毕业的时候专业分数第一，就读了研究生。那时候我挺想做剧作家。上海有个非常好的导演叫胡伟民[1]，1980年，我17岁，给他写信，对他导演的一个话剧提了一点批评意见，他竟然回了我信，说跟我面谈。他算是我在戏剧上的启蒙老师。后来他还和我对谈，讨论一个实验戏剧，这篇文章获得了"田汉戏剧奖"的评论奖，他说稿费全给你。我觉得到现在为止上海很少有导演超过他，可是他英年早逝，1989年就去世了。

许：你最早写过什么剧本呢？

刘：写过一个自杀的诗人，那时候看刘小枫的《诗化哲学》，讲了好多诗人自杀。我觉得诗人对时代的精神变化是最敏感的。80年代初，诗人和现在的明星一样，万众瞩目。后来80年代末市场经济出来，整个知识分子开始边缘化。所以我写了这样一个诗人，他不得志，最后自杀了。那个话剧排出来，原名叫《1988年的日子》，还发表在上海剧协的一个刊物上，1990年，我出国之前上演了。那个时候上海生机勃勃，有好多活

---

[1] 胡伟民（1932—1989），话剧导演。导演话剧《秦王李世民》、越剧《第十二夜》等。著有《导演的自我超越》

动，我就参加演讲比赛、话剧，在这些圈子里寻找自己的热情。

许： 我忽然觉得这条路中断了好可惜。你最早赢得名声是什么时候？

刘： 当时在上海青年宫有即兴演讲比赛，每个周末打擂台赛，我拿了连续七周冠军，评委就禁止我再参加比赛了，就把我变成评委了。那时候还觉得很兴奋，因为有很多人看。现在看是非常浮华的。

许： 给你看看这个，1983 年 10 月 29 日，《文汇报》头版报道。

刘： 你连这个都找到了。

许： 当时上《文汇报》头版是很厉害的事情。

刘： 它给你很多诱惑，像那篇文章还暗示你可以走仕途。这个经历对我影响非常大。小时候喜欢出名，但年轻的时候赢得这些虚名，会影响你的成长，会有风险，因为其实你内心还很弱小，就可能去迎合外部评价而迷失自己，最后变成一个违背自己本真的人。好在后来我的选择没有违背自己。从那时候开始，我就对媒体的褒贬开始脱敏了。再过了几年，"走向未来"那些学术文化类书籍出来，我发现自己特别喜欢，就开始了智识性的探索。

许： 真的是个转向。

刘：非常清楚的转向。

许：当时怎么做到的？那种诱惑非常大，二十来岁已经很大的名声了，而且和那样的机构发生关系。

刘：因为有一种不适感，就是如果你要让人家喜欢，你就得自己好像是一个赝品。我觉得不舒服，所以慢慢就退出，知道这不是我要走的路。我有很长时间在犹豫自己到底要做什么，年轻人都这样，好多东西都感兴趣，好多事情都令你兴奋，很着急让自己有存在感。所以一直是彷徨、徘徊、激动，之后又焦虑、迷茫。

许：主要是焦虑什么？

刘：就是感觉自己一直在圈外，因为自己是工科生，无论是做戏剧、艺术、文学，还是做人文和社会科学的学术研究，都是在圈外。你总是一个票友，跟那些专业的人在一起，总是气短，名不正言不顺，特别焦虑。

许：其实这也是一直特困扰我的，后来发现票友就票友吧。你的这种焦虑是什么时候开始缓解的？

刘：1988年认识了金观涛老师，他算我真正的启蒙老师。我第一次见他是1988年10月，在成都的一个会议上，叫"中国学者展望21世纪"。他讲现代性，是从韦伯的角度出发的，表达特别晦涩。我当时作为上海一个杂志的特约记者去采访，坐在后排，其实根本没有资格发言。但那时候真是年少无知，我觉得他讲的，大家都在讨论，但好像也没有懂他，就上去讲了几分钟。我不知道哪儿来的这个能力，讲得很清楚。晚上跟他一起吃饭，他问我是不是要来读书，跟他读博士。他原来也是学化学的。后来人家就会说这是金观涛的学生，好像你就进了圈子内了。当然我没有读成他的博士，因为他很快就去了香港。

许：等于碰到金老师才找到组织了。

刘：对。

许：真正决定以政治哲学为业，是什么时候？

刘：到最后其实是在美国定的专业，读博士的时候，比较晚了。所以我对很多学生说，你们不要着急，最后那个道路自己会找到你的。

许：突然从一个这么热闹的环境到美国，完全不一样的世界，当时有什么感受？会有那种很强的挫败感或者失语感吗？

刘：还好，因为我还年轻，其实根本也不是什么人物，只是说好像你在国内已经很热闹。到美国后就是那种比较沉静的生活，一周读上千页的文献，拼命读，连续这样的状态，从硕士到博士，差不多九年的时间，蛮纯粹的。以前我喜欢玩，生怕错过什么，后来我对这些不那么感兴趣了，刚回国时，许纪霖老师有次对我说，美国把我变成一个乡下人。到现在我还是喜欢长时间独处，或者跟学生跟好友交谈。只是最近又开始参加一些活动，但是我已经太老了，改不回来了。

许：最近这些热闹会让你想起年轻时代吗？

刘：我有一个朋友就说，你现在稍微有一点跨界，我是很放心的，主要是你太老了，你已经没有什么欲望好堕落了。

许：今天回忆了人生路的各种半途而废。

刘：人生路好多都是半途而废的。当然这些要素，最后总在发生作用。

许：是，我们都被自己的成长经验塑造。我做《十三邀》很在乎这个。很多观念和道理，都会在成长中展现出来。人生很神奇，我要不是问到这些，哪知道原来你过去有这么多的灿烂历史。

刘：半途而废的灿烂。

许：你会怀念那时候的激烈吗？没有分寸，但是很有力量。

刘：并不是，我没有那么害怕衰老。我觉得年轻的激情有的时候是特别浪费的，毫无结果。

许：没有目的的燃烧。

刘：对，现在也不是特别有功利心，但是你有一种沉着在里边。成年是需要阅历的。早慧代替不了阅历。

有人说知道这么多道理还是过不好这一生，是因为那些道理并不是你自己的道理，变成自己的道理一定要经过阅历。我的阅历里面大概教训多于经验。

你是不是有点冷了？

许：是，我们找个咖啡馆坐坐吧。

中美关系经历过大转折，
我相信将来还会有转折

许：露台好漂亮啊。

刘：上海挺丰富的。你看这个露台，这边是很市井的，晒了很多衣服，那边又是特别现代华丽的。

许：对，上海层次挺多的。

刘：最有意思的是上海新天地，一大会址，开天辟地的新天地，但同时它旁边是商业的世界，你听着上海话、普通话和英语，不知道身处何处。

许：喝了热茶暖和点了，那我们接着刚刚的说。刚刚说到你去美国读书，1991 年，那时候去美国读书是挺悲壮的一件事吗？好像壮士一去不复返了。

刘：我出国之前跟当时上海学界的一些朋友有一个告别，走的时候还给他们一人发了一个自己复印的小册子，里面是我写的诗。80 年代末，90 年代初，出去的人并不多，出去了好像很久很久都不会回来，哪像现在。

许：而且当时整个时代气氛也是挺决绝的。

刘：是，出去也很难。我出国的时候还是经由香港中文大学，在那里待了一个星期再去的美国。第一次回国是 1996 年，隔了五年，那时候机票好贵，你会特别精打细算，打电话就打个三五分钟。

许：你去美国的时候，国内的知识界也发生很大的变化，整个社会也发生很大的变化，包括 1992 年"南方谈话"之后，市场的力量突然兴起。你在那边，一边要埋头于那些文献，这么大的压力，另一边，在远方，中国的那些朋友在继续讨论，你是什么感觉？

刘：我就觉得我错过了一个热闹的时代，有点羡慕，但是那时候信息没有那么流通，国内也挺愿意听国外学术界的一些事情，所以这方面还有一点优势。然后慢慢地你读的西方著作和中国经验之间会建立起一些联系。

但是后来发现中国经验是特别复杂的，挺难套用现成的西方学术里边的固定概念，所以在中国研究里面一直会有一个争论，就是我们怎么来命名中国。

许：1996 年你第一次回国，这五年又发生挺大的变化吧？

刘：还没有，我觉得一个分水岭是美国轰炸中国驻南联盟大使馆，好像所谓 80 年代启蒙，就在那时候终结了，或者慢慢衰落了。我记得在 80 年代，你看甘阳他们那时候编的"文化：中国与世界"丛书，西方像马尔库塞他们早已经在对现代性反思了，但是那时候我们是没感觉的，因为我们好像还在贫瘠当中。反思消费主义，我们哪来的消费主义？现在我在课上讲马尔库塞，学生就有切肤之痛，所以中国确实在一个很强烈的意义上进入了现代。

许：这种生活经验的浓缩感，历史的浓缩感，在全世界范围里都是很罕见的。这种罕见的经验，对做学术来说是一个很大的优势吗？

刘：我觉得可能会形成问题意识，会关心宏大的问题，又会有经验的感知。我们现在叫具身认知，那种亲身感受更容易让你获得历史感和一种比较的视野。比较有时间上的和空间上的，我们经历了时空的变化，也看到一个时代的特定性和相对性。

许：你去美国读书的时候，美国那些年也发生了很大的变化。

刘：90年代，在美国留学的时候，大概是美国最好的时代，就是克林顿主政的时代。

许：冷战刚刚结束，整个经济增长又开始。

刘：而且那时候老师对我们特别照顾，特别友好，这是很大的鼓励。我觉得那个时候美国反西方中心主义的意识已经很强了。

许：都已经变成学院主流了。

刘：对。那时候美国人对外国人更和善，更友好，为什么？因为现在的那种文化冲击，在当时对他们还没有造成颠覆，所以美国人感觉"我是主人，你是客人"，你对我很仰慕，我就对你很谦逊，这时候很融洽。但是这种融洽背后存在着他们的优越感和不平等的关系，只是冲突还没有暴露出来。现在新一波的比较激进的身份政治开始了，就有很多冲突。

许：其实美国是我们最重要的一个参照物。你2003年从美国回来，每年都在写全球的思想报告，美国这种变化会让你非常意外吗？包括特朗普的上台，剧烈的两极化，等等。

刘：当然有意外的部分，但是没有震惊。我认为有两个问题是美国现在没有解决的。当然不是说人类就应该解决所有问题。一个是没有办法处理，中国会以这样一种方式，以美国没有预料到的方式，这么强劲地崛起，而且不接受它所希望的那套规则，就是大西洋秩序——也常常被称为"国际自由秩序"，其实最初只是北美和西欧的区域秩序。当中国进入改革开放的时候，他们觉得中国最后会纳入国际自由秩序，成为其中一部分，结果中国进入了，但它是一个挑战者。美国国内的分裂跟中国的冲击是有关系的，这是一个特别难解决的问题。

第二个惊讶的地方是，我们看到当前美国的这种民主政治乱象，好像都应该是处在民主转型早期阶段的国家才出现的，但是美国是一个成熟的民主国家，是世界上第一个民主国家，也会陷入这样一个问题。

许：你会怎么描述美国这种变化呢？

刘：很难用一两句话说清楚，美国挺复杂的，比如什么是真正的美国？美国现在没有一个统一的自我论述，使大家能够全部相信。还是我们中国人最聪明，能讲好中国的故事，他们讲不好美国的故事。

许：一个充满冲突的故事会不会有可能是一个更有生命力的故事？

刘：以前我相信这个。

许：现在不信了吗？

刘：我相信内部的多样性和紧张是健康的，但要有一个限度的。美国在 2021 年 1 月 6 号发生"国会山沦陷"[1]，表明政治极化已经相当严重。但仍然守住了法治的标准，争议点在于总统选举过程是否存在操纵舞弊，而不是选举制度本身的正当性，这个基本共识还没有被打破，所以还不能说这就是政体崩溃的状况，但它是非

---

[1] 美国当地时间 2021 年 1 月 6 日，特朗普的支持者们在首都华盛顿举行了大规模示威游行活动反对拜登当选，并暴力闯入国会大厦。

常危险的。

许：那你会怎么看待中美之间的这种对峙？

刘：我觉得历史是曲折发展的。现在跟美国这种拧巴的关系，对我这一代人来说，也没有什么特别悲观的，因为在我们小时候中美关系更紧张。1971 年，我那时候八岁，听收音机播放的公告，说我们接到尼克松想要访华的意愿，周恩来总理代表中国政府邀请尼克松总统在适当的时间访问中国，而尼克松总统愉快地接受了这一邀请。听到这个消息我们简直惊呆了。

所以我不那么悲观，中美两国曾经有过马上要你死我活的历史时刻，现在的低谷比那个时候还差很远呢。中美关系曾经历过大的转折，我相信将来还会有转折，因为现在的世界太紧密地联系在一起，走向人类命运的共同体，要处理的问题太过复杂。我自己是到大概是2010 年的时候，开始有一些比较融贯的想法，主张要提倡"新世界主义"，这是我现在还在做的课题，很缓慢地在做。

许：世界主义肯定对我们这几代人都非常有诱惑，你的新世界主义，这个念头是怎么出现的？它是怎么回事儿呢？

刘：我们有一群志同道合的学者，从 2009 年开始保持合作研究和交流，形成了一个学术共同体。新世界主义主要是批评和超越那种冒进的民族主义。2015年我发表过一篇算纲领性的论文，叫《重建全球想象：从"天下"理想走向新世界主义》。我认为新世界主义要克服的第一点，就是本文明的中心主义，无论是西方中心主义还是华夏中心主义。

人类的个体和群体都是关系性的存在。作为一个人，我的需求，我的欲望，我自己的意愿，是生生不息地在跟外部的互动之中建构的。个人如此，文化也是如此。只有我们彼此发现，我们彼此碰撞或者叫遭遇（encounter），文化才能够建构起来，才能发展，否则你建构自己的资源在哪儿？也就是说，我们在相互遭遇当中，才能够理解对方和理解自己，而且不仅是理解，这个遭遇的事实和过程，是自我建构的一部分。

遭遇意味着你的边界永远是临时性的。虽然在任何一个给定的时刻我们生活的边界，包括地理的边界，人员的边界，物资的边界，信息观念的边界，似乎都是明确的，但是稍微长程一点来看，那些边界都是临时的，是可以被改写的，有的时候可以被打破和重建的，这是人类文明发展的普遍现象。而文明之间的遭遇从来没有像今天这样，覆盖如此广大的范围，以这么迅疾的速度，这么内在化的深度来展开。所以冲突也不可避免，是相互遭遇中的阶段性现象。以前文化之间有差异，彼此有点看不惯，可以避开。现在不同国家越来越紧密地交织在一起，从供应链和产业链到文化价值的观念，形成了一个"近身的世界"，回旋的余地不多，很难避开矛盾和冲突。所以我对当前的对峙状态有一种乐观的阐释，这是走向人类未来融合的冲突。现在的困难、冲突、对立，甚至新冷战的可能，是走向未来的过程。

许：你本质上是乌托邦主义者。

刘：对，这就是对自己的 make sense（讲得通），因为人是挂在自己编织的意义之网上的动物，如果没有这个可能的愿景，你会很悲观。其实，我内心深处是有很悲观的一面，但是只能做乐观的努力。人类的世界，是由各种各样的意愿及力量合并达成的，你愿意未来有一个比较融合的世界，并为此付出努力，那么融合就更有可能成为现实。当然，每个人只能做非常小的贡献，而且不能指望很快获得结果，因为那个结果可能是非常非常遥远的，我知道。

我们现在有一部分人，特别是有一部分年轻人，相信社会达尔文主义，相信弱肉强食，相信你死我活，比如我们要挑战美国的霸权，该轮到我们了——这不是说全部，有一部分人认为霸权是不对的。这个想法是已经过时了的西方的观点，当然西方也还会有这样的东西，但是至少在学界是被批判的，因为这是对达尔文的一个误解。达尔文是说，适者生存，不是强者生存，不是依靠那个强力。

许：当你看到过去十多年，这种社会达尔文主义愈演愈盛，你是什么感受呢？

刘：我会震惊，我不说它反中国，至少是背离了中国的文明传统——美美与共、各美其美，这些传统是中国文化的精华。现在我们很多人相信我足够强我就能碾压你，这反而是把中国文明当中最理想的、最高的价值放弃了，变成西方 19 世纪野蛮逻辑的再登场，难道这是中华民族的复兴吗？我不认为是如此。

我们可以拿职场来举例子，职场上那种残酷竞争的逻辑，可能有一段时间是特别管用的，但在现在这个时代，至少在许多人那里不起作用，所以它可能不是一个特别好的生存逻辑。

当然我知道，有人会说我太天真，或者太理想主义，但是你先去问问特别现实主义的人，在这个世界上真的吃得开吗？那种特别巧于心计、斤斤计较的人，不择手段、弱肉强食的人，他在哪个行业里，他在哪个小区里是特别吃得开的？他是不是会感到很多挫折？你去问。所以这才是反思的起点。斗则两伤，和则两利，这个道理正在成为世界的现实，它越来越成为一个现实的规范逻辑，而不是空中楼阁。用罗尔斯的话说，我们提的这个想象，叫现实主义乌托邦，它是有实践可行性的。

许：对，那些看起来每一步都很理性的人，最后变成一个非常非理性的举动。

刘：对，当然有的时候争论、斗争是必要的，但是你要明确你的目标是什么。我们如果认为美国主导的世界秩序不够公平，那么我们应该做的是让它更公平。我比较认同这样的前景。虽然悲观的人比较深刻。

躺平和内卷之间有另一条路吗?

许: 这面墙上的人你选三个你喜欢的。

刘: 尼采、维特根斯坦……有阿伦特吗?

许: 阿伦特没看到。这应该是中国唯一挂这么多哲学家的酒吧了。

刘: 你看门口写着"世界的本质是混沌",好像现在大家会有一种我称之为意义匮乏的状态,所以会重新探求精神层面的东西,有的人是读历史,有的人是通过哲学思考。

许: 人需要解释嘛。

刘: 对,需要解释,需要明白自己的处境。

许: 你在美国待了那么久,然后突然回到 2003 年的上海,那个时候跟年轻学生接触,应该跟现在很不一样?

刘: 那时候学生相对来说单纯,仍然认为把学业做好这件事情是挺重要的。因为市场还没有完全打开，而且你的就业好像跟你学的专业有关系，所以学生不是特别考虑将来的社会现实会怎么样，可以到时候再说，现阶段就是把学业做好。

相比之下，现在的学生比较心猿意马，三年级就开始找实习机会，发展人脉，如果晚了，好多工作可能就没有了，到了四年级就基本不上课，全在外面找实习。这个倾向越来越强了。

许：他们现在普遍最关心什么？

刘：出路，前途，这些很实际的问题，再问下去就变成哲学问题了——你到底要做什么样的人，过什么样的日子。

许：我不是见了黄灯老师嘛，她写《我的二本学生》。她观察那些普通院校的学生，有两个变化，一个是房价高不可攀，有的学生就觉得自己在城市里永远都买不起房子。第二个变化是2012、2013年开始出现的，未来就业的紧迫性开始延伸到二年级、三年级。

刘：是，生活压力带来的焦虑感越来越大。昨天我听刘润演讲，他举了个特别生动的例子。以前我们到饭店去要张餐巾纸，三个人，给你三张，现在去麦当劳打工的学生，你说要餐巾纸，他"啪！"给你一沓。这一代年轻人对生活的基本生存标准，和我们那时候是不一样的。现在的基本生活标准，就是我可以不用管纸张的价格，不用一张纸一张纸地精打细算。所以，他们心目中的基本生存标准比我们年轻时候高很多。但现在遇到的问题是，你的生活需求增长了，但满足需求的资源，就是好的工作和高的工资，又是不足的，所以就会有抑郁和焦虑。

许：这就出现一种很矛盾的现象，一方面他们不会有那种真正的匮乏或者贫困感，因为有父母或者周围环境的支撑，不会真的掉下去。但是他们又有强烈的匮乏感，时刻担心自己掉下去。

刘：对，期待和现实的落差比较大。其实我们这一代人，包括你们 70 后甚至 80 后的早期，是享受改革开放的红利的，向上流动的空间很大。现在中国可能走过了最初粗犷式的高速发展，要经历一个相对缓和的过程，对我们来说完全是可接受的，但对现在的孩子来说，一下子经济放缓，就业的问题、工作的压力就出来了。这个是现在年轻人关心 996、内卷的一个背景。而且最后发现，再怎么努力也没办法解决，因为它是结构性的问题，社会流动的空间就这么大，然后就会沮丧，就会有诸如躺平的情绪。

许：和现在的年轻人接触，他们身上有什么特性让你印象深刻吗？

刘：现在的年轻人，我体会到他们有一个很强的愿望或者倾向，是要重新获得对自己生活的掌控感。比如说现在00后，调查统计发现，他们不喜欢团建，上班就上班，其他时间你别来烦我。社群主义者强调community，会鼓励共同体的建设，彼此增加情感纽带，对不对？现在年轻人就会说，别，我就愿意一个人待着。我待着干吗？我就在家，我就躺在那儿，或者跟我的宠物共处也可以。在这样一个世界里，我对自己是能完全把控的，这使我获得了一点安定感，感到我的存在是真实的、确定的。这是一个倾向。我需要那个小空间是可掌握的、是可预测的，我在里边享有独自的自由，这是以赛亚·伯林讲的消极自由。

许：大家在996和躺平之间摇摆。

刘：真正能躺平我觉得是很高的境界，真正躺平的人你都不知道他在哪儿，他不会发宣言，而宣告"我躺平了"。

许：还是撒娇。

刘：躺平有的时候是种态度，类似于非暴力不合作，就是"我不干了"。

许：这么多人在抱怨内卷，你听到这个名词是什么感觉？

刘：内卷这个词背后有各种不同的问题，一个是劳动强度的问题，一个是没有退出机制的问题。像这种新词出现，特别是流行词，那么广泛地传播，往往是一种社会征兆的标志，表明"社会想象"开始转变了。90年代我们比较能接受优绩主义，所有的成果只要你努力都会得来，你要打拼，总会有回报。那个时候哪怕996，很多人是可以接受的。

许：那时候广告语都是什么，"人头马一开，好事自然来"……

刘：现在好多期待落空了，我们就开始怀疑那样一套叙事。第一，996真的能够兑现它的许诺吗？第二，它正当吗？第三，我加入这个游戏，哪怕成功了，对我真的是好的吗？我是不是可以退出这个游戏？退出意味着躺平吗？或者在躺平和996之间我有其他选择吗？也就是原先凝固的某种社会想象，它开始松动，甚至开始分崩离析。

我曾经在《人物》杂志上读到一篇文章，写一个北京不知名的钢琴家叫陆庆松。他弟弟是陆庆屹，拍纪录片《四个春天》的导演。陆庆松是中央民族学院音乐系毕业，在清华大学教书，居然把清华大学教师职位给辞了，就是因为不喜欢填那些表格。现在他住在郊区，维持极低的生活水准，但是他一直在做自己喜爱的事情。你说他卷吗？他一点都不卷。但他放弃了吗？他一点都没有放弃。

当然这个例子比较罕见，很少人能做到这么不在乎。但我认为他代表了至少一个可能的范例。他本来默默无闻，后来因为他弟弟拍了纪录片，大家才知道他。但陆庆松并没有突然在一个钢琴比赛当中成名，或者跟什么柏林爱乐乐团合作，他没有终于苦尽甘来，他就是保持自己生活的状态。这不是一个奋斗励志然后逆袭的爽文故事，但这可能是一个更精彩的故事。

许： 也可能是一种新的社会趋势。

刘： 对。

许： 除了躺平、内卷，你参加《奇葩说》，里面年轻人呈现的思想状态、情感状态是什么样的呢？或者说有让你特别印象深的新的问题意识吗？

刘： 有好多。比如说有一次谈到狗，如果男朋友或者女朋友特别害怕狗，要不要把狗送掉？相当一部分人是选择把狗留下来。

许： 让你挺意外的是吧？

刘： 是，男女之间或者同性之间的亲密情感不如狗可靠，人太麻烦，人是靠不住的，于是我就会想，这一代人有这么强的不安全感。

许： 是不是也跟这个有关，他们觉得自己也是靠不住的，所以特别需要那样的安全感？当一个人对自己有充分信心的时候，他们不会害怕失去、意外、冒险，或者说会减少害怕。

刘：我没有特别的把握。这里还有一个所谓"他人之心"的问题，就是你不是别人，你怎么知道他。

我认为先不要着急去判断现在年轻人是不是自我中心。包括对女性主义，有的人认为女性主义，或者中国叫女权主义，是不是过激了。你没有作为女性经历过她们的体验，当然你可能有一个感知上的认识，但你没有具身认知，所以你先要理解，然后再产生判断。你可以询问，甚至可以质疑，当然你的质疑也是要非常小心，你要尊重情感和情绪上的东西。现在我跟年轻人在一起，并不是说给人家当导师，其实是去看他们的世界，而且也是一个相互学习的过程。

许：我想起你在《西方现代思想讲义》里面介绍，马尔库塞的年代，伯克利学生起来搞学术运动，要停止资本主义这个大机器的运转。那像现在，你认为会是产生这样的思想意义的时代吗？当某种情绪越来越多的时候。

刘：不知道，我现在也在观察。这种状态取决于整个经济环境，甚至中美关系，影响你命运的要素变量越来越多，很多要素你是不可理解的，更不用说把握它。它是来自远方的，而且未经你同意就支配了你、影响了你，这也可以叫做"远方的暴政"。每个人都多多少少有一种失控感，对确定性和安全感格外敏感。所以我们可能需要一个更高的、更普遍的世界秩序来解决这样一个高度不确定的时代，但这是很遥远的事情。

许：这是不是一种自我安慰的方式？而且每次当我们去寻找一个更高秩序的时候，就会出现更大的困境。

刘：但历史上也有理想能实现的时期，比如民族国家的秩序就是一个例子，对不对？

许：然后带来巨大的冲突，巨大的代价。

刘：人类就是这样，不断解决旧的问题，然后过去的解决方案又会变成新的问题。

你一旦开始阅读，也就会永远自由。

这个时代有许多硕大的问号摆在我们面前，需要大家一起来探讨

许：刚刚我们谈到现在社会某种背景的变化，你亲身感受到几个时代的变化——从上世纪 70 年代上学到 80 年代是个变化，从离开中国到 2003 年回来，又有变化，到现在又发生很大的变化。你有什么工具去应对或者描述这种变化吗？

刘：工具，其实就是思想史、政治哲学和社会科学，重要的是你怎么样在恰当的问题上把这三种资源综合起来形成一个有效的论述，这都是不容易的，特别是在中国。但有一点我是相信的，中国的论述不可能只是关于中国的论述，它在一个世界结构中，所以思考中国政治是和思考世界政治放在一起的。

许：未来可能激动人心，但前夜往往是沉闷的。

刘：对，现在大家在为未来的一个论述、一个叙事做准备。

许：你自己希望自己在未来扮演什么角色？

刘：就是一个教师，一个知识分子吧。现在希望能安静地观察。当搁置那些大的问题、宏大叙事的时候，我愿意观察具体的人在具体环境当中的状况——精神状况、处境、反应，因为只有这些特别具体的感受积累多了，才有可能避免那种特别不靠谱的、走得特别远的概念。你需要一种具有现实感的思考和判断。

许：我们做的好多事情都想保持一种现实感，但是保持现实感是非常困难的事，需要非常多的训练——对你来说，思想与行动的关系是什么呢？

刘：这样一个问题提出来的时候，它好像有一个二元论的色彩，一方面是脑子里想的，一方面是行动。但是人的行动，action，为什么不同于物理的运动，movement？是因为实践从来都是理念加载的。

当然这个理念不一定完全是理性的，有你的感受性，有你的情感介入，但是无论如何你的行动是跟你的思想一直相伴纠缠在一起的。

许：有些时代会有一种更明确的反思想，此刻似乎也有这个现象，你的所有表达抵不上你做的任何一个具体的事情。

刘：可能这更符合大众的直觉，我们的生活都是在与一个个具体的人和物的接触当中展开的。行动是具体的，具体的东西才是真实的。思想是抽象的，抽象的一般都是虚构的。于是我们的问题就变成 what's real，但这是难的问题。

许：知识分子这个身份现在让你困惑吗？

刘：知识分子现在怎么看待自己以及和大众的关系，这是一个命题，大家都在思考，也都在尝试。

80 年代不就有一个知识分子传统吗？后来加了"公共"两个字。我记得那时候我们听李泽厚、金观涛这些人演讲，好像在等一个答案，现在已经不是这样了。知识分子本身已经边缘化了。鲍曼写过《立法者与阐释者》，那么问题在于你要做一个什么样的知识分子？想要做一个立法者，这是早就应该抛弃的幻觉。做阐释者还是可以有所作为的。当然你的阐释是不是有一种无可替代的意义——并不一定高于谁或者低于谁，但这个声音仍然是重要的。而且，你要想办法传达给受众，要以不同于以往的态度：不是我来启蒙你，而是大家一起来探索。因为这个时代有许多硕大的问号摆在我们面前，需要大家一起来探讨，这需要一种公民文化。福柯在一次访谈里讲过一句话特别好，他认为好的知识分子，是那种精英的博学和道义上的平民主义的罕见结盟。这样一个定位是正确的。在今天做一个知识分子，要小心不要被商业化的力量所支配，你不可能不受影响，但不要被它俘获了，有一个边界你要守住，这是一点。第二就是，公共表达要通俗但不能流俗。比如由于很偶然的契机，我现在被稍微多一点人知道，在做公共教育的通俗化尝试，要避免简单化。所以我一直强调，我那本讲义，不是把它读完就结束了，它只是给你一个导游图，方便你进入这些景区，但你自己要去寻访那些山水，那样你抵达的境界是完全不一样的，到最后你可以把这个导游图扔掉。当然也有人会质疑，提供这些入门性的文本是不是文化快餐？是不是思想快餐？可能是的，但如果完全没有思想类的快餐，那么只有让娱乐快餐、放纵欲望的快餐大行其道吗？我觉得，有一些思想快餐也不错。我现在已经没有上一代学人的雄心，做自己能做的事情，尽力而为就好了。

说到这里，我想起来，我挺喜欢你们拍那几个老先生。

许：确实他们的状态和我们现在大多数人是不一样的。

刘：那种风范，好像是高山仰止。

许：那你会有那种自我的怀疑吗？比如说，特别善于做导游图，但可能去创造一个原创的景点就变得困难起来。

刘：当然我希望能同时做这两样。但是，比两个都做不好的人可能还是好一点。也有一个自我期许的问题。我觉得我是被同行朋友高估的一个学者。因为我并没有做出真正原创性的工作，但是给人一个印象，好像这个人将来会做出来什么。

许：潜力股是吧？

刘：对，潜力股。在某种意义上来讲这是一种欺骗，他们把一个未来的可能性预支给我了，这是一个不应得的待遇。

许：这种原创性的期待给你造成很大的压迫感吗？

刘：有的是压力，有的是动力。有的时候会安慰自己说，伽达默尔写《真理与方法》时是 60 岁。以前觉得我还有很多时间，现在已经迫近了。反正大家没有怎么来骂你，或者至少没有公开地来骂你。很多人对我是很担待很宽容的，这是一个幸运。

但原创性本身也是挺麻烦的概念，经常是一种幻觉。你以为你造出来一个很漂亮的理论，最后可能跟某个人的东西很像。所以我现在是有负担，但也没有那么强烈。到最后我不是说要迫使自己必须达到什么标准，而是我在我的工作和活动当中，能感到幸福——这个幸福的意思是说，你仍然能够做很多事情，你有努力。

许：那过去一年，你跟娱乐、跟大众媒介遭遇，包括跟这么大的年轻群体的遭遇，对你有什么样的影响呢？

刘：好像把 80 年代纯粹的自我唤醒，重新复活了一次，这个是挺享受的。另外一个是，我学到很多东西。学术界其实是非常小的一个群体。以前我的社会交往主要在文化学术界，和企业接触不多，现在就有许多机会接触到职场，从普通员工到管理层还有创业者。能走出校园和不同年龄、不同职业的人交流，眼界开阔了，收获很大。比如，像昨天听刘润的年度演讲，他们对商业现状和趋势的分析，让我很受启发。以前我主要在脑子里思考这个社会是怎么运转的，依据的现实经验比较单薄，现在能看到非常丰富和具体的实例，会有很多新的材料，新的感知和启发，也会形成新的问题意识，这个对我有帮助。另外，就是媒体的曝光会建立所谓的个人品牌，一个 IP，会带来影响力和收益，但也会带来危险和考验，需要非常审慎地面对。

许：这种收益也是以前的知识分子不敢想象的。

刘：我们学者能想到的就是写书，获得版税。所以，现在我要面对的选择主要是不去做什么。到了这个年纪，不要活成自己厌恶的样子。有朋友说，你成名已经太晚了，其实我觉得晚比较好。

许：我问过傅高义，我说你 49 岁写出《日本第一》，要是你更年轻的时候写出来，会是什么样？他说我还是期待我 49 岁写出来，如果太年轻了，我觉得我会无法应对这件事情。

刘：对对，开始有点新鲜感，但现在就比较从容。而且我相信这种名望很快就会过去，现在是什么时代，对不对？热度有一年两年就很长了。而且如果你反复在公共领域说话，最后能说出什么？到底能有多少洞见？像我学政治哲学的人，现在主要谈的是人生哲学。（笑）

换我来问你吧。

许：我们瞎聊呗。

刘：你已经做完五季，《十三邀》这样做下去是创造一个文化商业品牌吗？对你而言，你是有自觉意识的，要继承知识分子传统，但另一方面会有整个的商业框架在要求你，你怎么平衡这个关系？比方你有一个要点，然后下面就有弹幕说，这两个人说什么……

许：云山雾罩是吧。

刘：胡扯半天，抽象得不得了，在这里自嗨。

许：对……我觉得我们基本上是非常遵循自己内心的冲动的，是出于一种天然的好奇心。就像你刚刚讲《奇葩说》之后，你有机会跟不同的行业打交道，这会给你很多启发，我很同意。我是记者出身，本来就跟不同的行业打交道，做这个节目后，慢慢更强地意识到你自己的知识素养也好，你的训练也好，它有深刻的局限性。而在这个过程中，我主要是个倾听者，这个不断倾听的过程跟自我表达不一样，自我表达会让我厌倦，就像你说的，哪有那么多话要说。

刘：对对对。

许：所以这个过程也是我的好奇心延展的过程，比如我要去见运动员，我好奇他怎么控制自己的身体呀？那是很有意思的事情。当然我们内心深处还有一点小小的社会抱负，促进这样一个平等的公开的交流，我觉得是很重要的一件事情，它又比纯粹的写作更有行动性。

刘：所以也有正面一点的评价，说这样的节目或者我们所扮演的角色或者发挥的作用，仍然值得努力。虽然只能做有限的努力，取得可能特别微小的贡献。当然，也有人批评说，我们假装还存在一个公共领域，其实已经名存实亡了，变成一个化妆品，这个批评很有意思，我也在琢磨。

吴国盛

世界本身不再散发着诗意的光辉，
一切都是物质

吴国盛

1964 年生于湖北省广济县（现武穴市）

1979 年考入北京大学地球物理系空间物理专业

1983 年考入北京大学哲学系自然辩证法专业，攻读科学史与科学哲学

1986 年进入中国社会科学院哲学研究所，从事科学史与科学哲学研究

1998 年获得中国社会科学院哲学博士学位

1999 年回到北京大学哲学系任教

2017 年至今担任清华大学科学史系主任

著有《时间的观念》《科学的历程》《什么是科学》等

他仍旧保持少年天才式的痕迹。论断笃定，语速极快，不容你做出反应，就飞奔到下一个命题。那些令人眼花缭乱、费解不堪的概念、理论，在他口中，就如日常的闲谈。

大三时，我读到了吴国盛的《科学的历程》，雄辩滔滔地追溯科学的历程，并追问那个古老的命题，中国为何没产生科学，科学精神又缘何无法真正进入中国社会。当意识到这是他 31 岁的作品，我生出嫉妒的敬意。

少年天才也可能是一种诅咒。你很容易就跃升到一个台阶，却少了再度跳跃的冲动，你的智识轻易地应对周遭的一切，却失去了莽撞的冲动。我仍旧敬佩吴国盛，却也期待他能更深入、迟疑一些。

科学的本质就是八个字，
"只问是非，不计利害"

许：你在这办公室多少年了？

吴：多少年？零点几年吧。

许：刚搬过来不久。

吴：去年 12 月份搬来的。这个楼是清华重视人文学科的体现。清华不是买了一堆清华简嘛，为了保存那堆简就盖了这个楼。但这个楼盖得比较大，出土文物中心用不完，人文学院就拿来用了。所以你看这个楼像是一个博物馆似的，临时改装成的办公楼。

许：你这儿好多书，好亲切。大学的时候，我们同学都买这种书，其实我们都看不懂，但是也要买来装一下。

吴：这是我常用的书屋，这是哲学类的，这是科学哲学，那是技术哲学，这是德国古典哲学。看不懂也谈不上，只是说要想彻底看透也不容易。

许：这本书写得好吗？艾萨克森[1]的《爱因斯坦传》。

吴：这个很好，艾萨克森这个人很厉害。

许：我进入新闻业的时候，他是我们的偶像，他是《时代》周刊的主编。你觉得他写得好在哪里？

吴：写爱因斯坦传的人比较多，所以我们对他的传记还比较挑剔，但是这本读完之后，发现在学术上还不见外，就是不漏怯，但是又写得很动人的。爱因斯坦这个人很有魅力，他个人智力上的成就不用说，他那一套里面还携带一整套西方思想的硬核部分，杨振宁先生他们对他那么崇拜是有道理的，杨先生一辈子就后悔没跟爱因斯坦照过合影。

许：你最早是什么时候知道爱因斯坦这些故事？

吴：我到大学才知道他。那时候我还买了一套《爱因斯坦文集》，你看这书现在还在，都已经破成这个样子了。

许：刚好翻到这一页，"我们之外有一个巨大的世界，它离开我们人类而独立存在，它在我们面前像一个伟大而永恒的迷"，真好，年轻人看到这个得多激动啊。

---

[1] 沃尔特·艾萨克森（Walter Isaacson，1952—），美国著名传记作家，曾出任《时代》周刊总编辑和世界传媒巨头 CNN 公司的总裁。著有《爱因斯坦传》《埃隆·马斯克传》《史蒂夫·乔布斯传》《本杰明·富兰克林：一个美国人的一生》等。

吴：我读大学的时候，这套书对我影响是很大的。

许：对了，我读大学的时候可能上过你的公开课，我是 1995 年到 2000 年在北大念书。

吴：那不容易，我是 1999 年 4 月份回北大教书的。

许：你 15 岁就上了北大是吧？

吴：年纪是有点小，但是我饭量惊人，上北大那会我有时晚饭会吃两个肘子，两个。

许：正是长个儿的时候。那时候雄辩吗？ 80 年代是大家都在辩论的一个时代。

吴：本科我没机会，到了研究生就有了，显得很雄辩的样子。当时我们办了一个学社，好像叫科学哲学社或科学文化社，类似这样的名字。晚上办完讲座后，一帮人开始向夜色苍茫的圆明园进发，在里头逛，越走越高兴，索性就不回去了，一直走到清河，看到一个大草堆，有一哥们儿就把一个笤帚给点燃了，举着。

许：制造庆典狂欢，多有 80 年代的气氛。现在回忆 80 年代，你印象最深、最强烈的是什么？

吴：活力。举个例子，当时我们一伙年轻人到敦煌去，正好碰到李泽厚先生他们在那里开会。我们学生住得差嘛，就直接到他宾馆的房间洗澡。他也不认识我们，只知道我们是北大的学生。那时人和人的关系都比较近，理想、热情是非常明显的。

十三邀 II

你愿意活出什么样的世界

许：来北京之前，十几岁，那时候对未来人生有什么渴望和向往吗？

吴：我还是挺有理想的，有点天将降大任于斯人那个意思，觉得自己好像应该做点事。我是很少有找一个工作踏踏实实过一辈子的那种想法。实际上最后也就是读书、教书、写书，一辈子就走这条路了，基本上不做他想。

许：在北大读书的时候，你有想成为一个纯粹的科学家吗？一个理论物理学家。

吴：一开始是想。其实我以前喜欢学数学，但我高考的时候只考了92分（百分制）。

许：只考了92分。

吴：对，因为我当时物理考了98分嘛。其实我当年对物理没有概念，物理都快满分了，我还不知道船上人跳下来怎么落回原地，所以物理就是稀里糊涂考了高分，后来也就稀里糊涂报了物理专业。我们那个穷山僻壤里，老师也不懂，觉得填志愿一定要填一个跟你的最高分接近的专业，就建议我报空间物理专业。我一听这名，酷啊，以为是什么宇宙航行之类的。

许：我大学第一年有一半的课跟地球物理系一块上的。

吴：是吗？

许： 我是微电子专业的。

吴： 我特别不喜欢电子那一套。为什么呢？因为它是高不成低不就。

许： 你看我的人生就被它毁了，高不成低不就。

吴： 当时如果我念的是理论物理，我也许还有兴趣。后来到了三年级分专业的时候，发现空间物理主要是跟等离子体打交道，那太没意思了。所以我从大三开始就不怎么爱学那个专业。正好我有老乡在哲学系，我说这玩意挺有意思，表面看起来不怎么起眼的一句话，怎么经过七说八说，说一大堆，貌似有理。的确哲学对于热爱理论物理的人来说，有天生的吸引力。

许： 当时国内最流行的哲学家是谁？

吴： 国内就是李泽厚。他是全方位的，第一是他的康德哲学，那个时候大家都认为黑格尔重要，他能写出康德的特殊味道出来，一个是美学历程，再一个就是他的中国思想史。一个人中西哲学和美学都来，所以李泽厚当时的影响特别大。他一辈子最后说的就是人民要吃饭，人要吃饭是他的第一原理，这是马克思的观点。但是那个时候哲学界他就算是青年偶像。

许： 那你什么时候觉得好像自己要以科学史，包括科学哲学为此生的中心？

吴： 硕士生阶段就已经开始了。到读硕士的时候才发现科学史这个学科好像在中国还没开始呢，你就觉得有义务、有责任把这个学科建立起来，当时是有这样的想法，但是后来发现，这个理想很不容易实现。所以以前有记者问我的抱负，我说我的抱负现在越来越低了，低到什么程度？就是我这辈子如果能在中国把这个学科搞成正常学科就不错。

许：你写《科学的历程》的时候才 31 岁。我大学就读这本书，读的最早的那个版本，当时都给震晕了。

吴：这就震晕了啊。其实科学史也好，科学哲学也好，都是边缘学科，二级学科。一级是科学，你对科学进行研究才产生科学史、科学哲学。

科学史的出现是科学做大之后，科学家和人文学者互相不怎么买账，造成两种文化的冲突，人们觉得这不好，要统一。所以第一代科学史家萨顿[1]的名言是新人文主义，所谓科学人文主义。他觉得科学史是搭桥的过程。中国不一样，中国的科学哲学来自自然辩证法。为什么搞自然辩证法？《自然辩证法》是恩格斯一本未完成的著作，于光远[2]先生在延安时期把它翻译出来。

---

[1] 乔治·萨顿（George Sarton，1884—1956），出生于比利时的美国科学史家，科学史学科的创立者。

[2] 于光远（1915—2013），经济学家，马克思主义理论家，中国社会科学院研究员。

吴国盛
世界本身不再散发着诗意的光辉，一切都是物质

1976 年以前的三十年，自然辩证法基本上是一个中介，通过它实现对科学家、科学事业的领导。所以所有中国土生土长的科学家，都必须学自然辩证法，这是政治课。

改革开放以后，它是自我更新最快的一个学科，很快完成由自然辩证法到科学技术哲学的转变，所以我们这个学科名字现在不叫自然辩证法，叫科学技术哲学，就是这么来的。

科学史更怪一点，你要知道中国古代是没有科学的，没有科学怎么办？以技术充科学，所以中国的科学史主要做中国古代科技史。这里有双重的背景：一个是中国近代落后，积贫积弱，需要从祖先的成就里面寻求安慰；另一个是 1950 年代中国被封锁，希望通过这个来突破。

许：你什么时候清晰意识到科学与技术不同的？

吴：我是学自然辩证法出来的，本科毕业以后考上北大哲学系的自然辩证法专业，一开始对中国古代不熟悉、不了解，略有涉及的时候是 90 年代，写了一本书《时间的观念》，里面有一章讲中国，就是质疑李约瑟问题。所谓李约瑟问题是两句话，第一句话是中国古代科学很发达，第二句话是那为什么近代落后了。这两句话是配着的。我们中国人喜欢李约瑟问题主要是喜欢第一句话，觉得听了挺舒服的。但错的就是这句话。但因为我自己不是做古代科学史的，所以没有很深究。

你看这边这些照片，是我们科学史界的一些大人物，这个就是萨顿，刚刚说过的，科学史学科的创始人。这个叫科瓦雷，做思想史的巨头。这是我们中国的大拿，竺可桢。这是库恩。

许：比较来说，竺可桢的思想创建怎么评价呢？他的地位很高，我们都知道他，但又对他不是那么清楚。

吴：竺可桢首先是人品非常好，他代表那一代科学家的形象。他是哈佛的博士，但是他的旧学底子也很好，这个从他的日记就能看出来，所以他等于是新旧中国科学史的缩影和代表，这是他第一个特点。第二他是一个新学科的创始人，就是气象学。第三他也是中国科技史学科的创始人，在他之前中国人研究中国古代科学史的很少。这三个因素加起来就使得他的地位特别高，非要找个人做典型那就是他，其他人都不合适。

许：在这里面，知识上你最崇拜谁呢？

吴：那当然是科瓦雷，我印象中科瓦雷就是我引到中国来的，在此之前我们年长一代的同行们不知道这个人的，或者说听说过也认识到重要性，但不敢提他。因为什么呢？因为他的著作直译就是唯心主义纲领。我们现在叫观念论纲领，他认为科学的本质是观念的眼睛。不要译成唯心主义，唯心主义也不准确。

吴国盛
世界本身不再散发着诗意的光辉，一切都是物质

许：你是怎么发现他的？

吴：90年代初，我翻译过一本书，柯林伍德《自然的观念》，是这本书把我引向科学思想史，通过看这个后来又发现科瓦雷，而且他更重要更直接。他是俄罗斯人，当年在德国留学，先是跟希尔伯特念了一段数学，跟胡塞尔念了一段现象学，胡塞尔夫妇把他当儿子看待，后来他又跑到法国，跟柏格森念哲学，所以他的背景又有理科又有哲学的，后来主要做宗教思想史。2000年之后，他的书就陆续被我引到北大出版了。

许：不过那个时候我读得比较多的还是芒福德，可能他跟我们当代生活最密切，不管是精神上的，还是现实世界的。

吴：因为他经过"二战"，心灵有更多的煎熬，对现代技术有更多的思考，所以你这个印象是对的。而且他是一个全才，什么城市规划、技术史，文章写得又漂亮又多，那家伙特别能写。

许：他真是伟大的人文主义者。

吴：他对在现代技术这么厉害的年代，人应该怎么办，很有思考，他的很多写作是围绕这个主题来写的。但是他为什么当时在中国也没有引起关注呢？和科瓦雷是一个问题，他是典型的反唯物主义的。他认为人作为人就在于有那么点精神劲。所以他特别反对什么吃饱饭就行了。他说人是怎么来的，根本不是饥饿的问题。古代那一帮人，人又少，地上吃的东西多，根本不存在饥饿——现在表明他说的是对的，现在有一些考古发现，农耕之前那一代人种高大威风，食物丰富，但芒福德当时是猜的。那既然不是食物问题，人类怎么进化呢？他说是幻觉造成的，人类因为有了幻觉才成为人。

许：这个推断很厉害。

吴：他说早期人类是火导致幻觉，人们在一起烤火的时候产生共同的幻觉。后来我也延伸了一下，我说喝酒是人类最重要的标志，因为早年就是因为酒精才使人第一次成为人的，然后开始进行自我创造过程。

许：在北大那时候，你们喝什么来成人？

吴：啤酒比较晚一点，大概到快毕业的时候就有了。它过去不是瓶装的，是生啤，一个大车装着，啤酒车和洒水车有点像，我们拿着暖壶来打啤酒。到了硕士生的时候，瓶装啤酒就出来了。我以前酒量不行，一瓶酒就喝倒了。

许：说明比较容易成人。（笑）那这位呢？库恩，他算是最重要的一个范式的开创者吧？

吴：库恩是在学界影响更大一点，尤其是文科生喜欢谈库恩。

许：库恩比较容易看得懂。

吴：他实际上是把科学拉下神坛的人物，过去认为科学了不得，他把它解构了。那怎么解构？库恩认为科学没有哲学意义上的本质，它只有社会学意义上的共识，就开始引出科学社会学。他觉得科学史是可以的，但是你们研究科学以后就不要研究哲学了，没什么好研究的，他是一个反本质主义者。所以科学哲学家里有人挺恨他的。

许：科学史和科学哲学两者冲突吗？

吴：学科上有区别，一个偏史一个偏哲，偏哲的人就喜欢计较个道理，偏史的还计较材料。

许：那你怎么看待科学哲学带来的这么多困扰？比如刚刚说的本质主义。

吴：本质主义是西方思想最深的硬核，从柏拉图开始，理解世界理解事物，就是从本质开始。

许：相信有这么个本质。

吴：相信有这个，但中国人从来不较这个真，认这个理。我的老师叶秀山老师，他有一次说，形而上学很重要，不要轻易蔑视它。那时候大家觉得形而上学不是过时了吗，他说不能这么说，要是没有形而上学，那强权就是真理。这就很有醍醐灌顶的意义。海德格尔就说形而上学害死人，把我们西方人全带偏了，你看东方思想多伟大多灵动，他不知道东方思想里面强权对上真理，你怎么办呢？包括我写了《什么是科学》以后，有些同行写了一些批评文章，其实我难道不知道海德格尔、维特根斯坦，那还是我博士论文的主题呢。那我为什么还要讲本质主义的正面意义？就是因为我们在这方面太弱了。

* * *

许：刚刚我们谈到科学史和科学哲学的历程，你在90年代初还写了一本书，《希腊空间概念的发展》，是怎么进入希腊研究的呢？

吴：还挺顺的。我硕士是研究现代宇宙学。研究时间、空间，通常是研究现代科学意义上的时间、空间，像爱因斯坦相对论，量子与力学。后来我发现不够，再往深里研究西方的时空观念史，就追到希腊去了。

许：希腊的时空观是怎么样的？

吴：时空的问题是在近代之后，特别是牛顿之后，才变成一个基本范畴。古希腊不是，亚里士多德讲十个范畴，认为理解事物可以从十个方面理解，时间、空间也在里面，但不是基本的。

再有就是，过去希腊人只认为天上的事情可以数学化处理，伽利略开始对落体问题进行数学化处理，而且处理得很成功。我们都知道自由落体是一个匀加速运动，而匀加速运动是可以用数学表达出来的。伽利略开创现代科学最大的贡献，就是把地面的事物进行数学化处理。数学化的后果是要把这个世界全部数学化，这是笛卡尔的功劳。他认为物质世界本质上就是物质和运动。那什么是物质呢？物质本质上就是广延，就是空间。所以通过笛卡尔的努力，把空间说成这个世界最本质的东西。你研究世界吗？研究空间就好了，别的都不要管，都是假象。世界只有广延，只有空间，只有几何。

笛卡尔这个思想后来被他的一些追随者加强了。到了牛顿，他最后斩钉截铁地说，世界就是时空中存在的，而时间、空间是绝对的。为什么是绝对的？因为上帝说了算。牛顿力学本身是基于绝对时间和绝对空间之上的。牛顿之后我们才发现，原来时空是最基本范畴。

许：那春秋时期怎么看待这些时空？比如孔子他们有想这些事情吗？

吴：是想过，路数不一样。孔子开辟的看待世界的方式是天、地、人三才，这个三才就接近于天人合一的思想，天、地、人之间是贯通的，是以某种人格化的方式来沟通的。

西方的科学性思维方式最关键的步骤就是发现了自然。发现自然是什么意思？就是发现了事物自己。希腊人第一次突然来了这么一句：物有其自身。这是挺惊天动地的一个说法。后面被希腊思想家给升华了，"being"（存在）这个词就出来了。既然承认事物有其自身，就把不变奉为最高的东西，变反而成了一个假象。这个思想在中国文化中完全没有市场。中国思想对那些固定不变的东西是鄙视的。我们讲的是生生之谓易，有变就有希望。希腊人会认为那是假象。你把一根筷子插到水里去，筷子弯了没有？你看见是弯了，拿出来又直了，这怎么回事？这就证明你看到的那个弯是个假象。所以希腊思想一旦承认事物有自身之后，就会引发很多问题。它就要承认世界分两部分，一部分是表象、现象，甚至是假象，一部分才是背后那个本质的、不变的东西。

　　咱们打个比方。你说你见过圆吗？我当然见过了，那小孩的脑袋就挺圆的。但它真的圆吗？当然不圆了。也就是说，我们见过的所有圆的东西都不是真正的圆。那这就有问题了。如果人类的知识是来自经验的话，请问你从来没见过圆，你怎么会有圆的概念呢？柏拉图解释说，那是因为我们有圆的理念，然后才能把它定义成圆，才能说脑袋是圆的或不够圆。这个圆是根据概念定义出来的。这个思想非常深刻。也就是说，通过概念，我们可以把整个世界都推出来，就是用简单的 element（元素）、principle（原理）来组建整个大千世界的丰富多样，构成一套稳定的、严格的、固定的关系。

柏拉图说得好，我们这个世界之所以是这个样子，首先是因为有这套逻辑垫底。柏拉图最喜欢数学，因为他发现数学具有一种从有形进入无形的能力。一个直角三角形，它的直角边的平方和等于斜边的平方，这个事好像不是说你一眼能看出来的。所以那些定理，那些公理，不是总呈现在你的面前，你如果不经过理性的自我修炼，大概永远在黑暗之中。这一下西方思想的动机就出来了，它为了使人成为一个人，不断地讲自由、理性、真理、启蒙，一大堆东西出来了。而中国思想一开头完全不是这个路数。

许：如果中国的传统缺乏那种希腊式的科学精神，那么我们怎么进入希腊呢？

吴：这很难。不过呢，这不光是中国文化的问题，因为现代科学本质上、品性上是一个求力（power）的科学。其实希腊的基本思想很单纯，也可以说很幼稚。他们认为，一个人懂得了道理，怎么可能犯错误呢？苏格拉底有个说法，所有人犯错误都是无知造成的。所以，知乃人类获得幸福生活的一个基本条件。未经过省察的生活是不值得过的，说的就是这个意思。而这也是科学的本质，科学的本质就是求真，所以希腊的科学思维方式，目标是把理掰扯清楚，不是任何意义上的应用性的东西。但是后来科学本身变了。这当然是一个大话题，咱们不一定能聊得过来。

总之整个现代文明是"两希"的结合——希腊、希伯来。牛顿这帮人从事科学的动机当然是宗教性的，而不是功利性的。因为牛顿时代的科学没有用，只不过它已经隐含了用途，它是被基督教以某种方式灌输到现代科学的基因里去了。最终造成的是海德格尔认为的悲剧，就是人类已经完了。

许：刚才你讲的，科学之前是出于纯粹好奇心的、更无用的追求，到了牛顿之后变成力的象征。那么，这个转变的内在逻辑是什么？

吴：这个问题非常复杂，我试着讲一讲。近代科学有一个背景就是征服世界、征服地球、扩展市场。只不过它一开始没有充分兑现，现代科学开始兑现是在19世纪，但是这种变化的开始要追溯到中世纪晚期。

中世纪有两件事情，第一个就是文艺复兴、学术复兴，在十二三世纪虚心地把希腊文明引进基督教世界。标志就是两个，一个是大学出来了。西方大学有四大学院，神学院、法学院、医学院不说，还有一个艺学院（Faculty of Arts）。艺学院相当于我们说的本科的概念。一个人要受高等教育，必须先从本科读起。本科读什么呢？本科就读希腊，甭管你将来干什么。另一个是托马斯·阿奎那出现，用希腊的方式重新阐释基督教教义，但其实形成了一种既遵从希腊文明又保持批判的态势。因为最大的问题是，你怎么能光讲道理呢？要讲道理，是不是说凡是重物一定要落地，上帝都不能让一个重物往上飘吗？《圣经》里讲的那些奇迹一个都不合理了？所以，人通过自己的纯粹理性还达不到绝对真理。

从某种意义上说，基督教把希腊人所构造的一个完美的理性结构——那个 cosmos（宇宙）给砸碎了重建，这是最最重要的事。我们今天认为树叶就是一堆原子，跟青草或者我们坐的沙发，本质上没什么区别。这个在希腊人那里绝对是不能允许的。你竟然把马和羊都混在一起，这怎么行？但现在为什么允许呢？这就是关键的上帝在起作用。你所有的差别在上帝那里都是微不足道的。物就不再是物了，物就丢失了自己，某种意义上，被砸成一个全同粒子，然后再通过定律来统一和控制。它是通过"上帝"这个环节先把你全砸碎再说，这就为现代科学革命准备了条件。这是我们要讲的第一个背景。

许： 那第二个呢？

吴： 第二个要交代的是，现代科学的这种一定要变现的思想，来自上帝的绝对意志。但它是被基督教学者做了一个自我否定后造成的。什么意思？就是上帝太牛了，牛到最后不可知，所有人都没办法真正揣摩上帝的意志。极端问题是这样的：请问上帝能不能把一个信上帝的人也打到地狱里去？当然可以。那我真信了？那是你自以为真信，在上帝眼中可能你就不是一个虔信者。如此看来得救有什么希望呢？得救没有希望，整个基督教世界就要解体了，怎么办？让上帝退休吧，让人自己做主。这就是文艺复兴为什么讲人道主义、人文主义。人文主义认为人类此后的一切知识都要根据人这个角度来重新架构。它有两个代言人，一个是笛卡尔，一个是培根。培根就讲所有的科学知识都是应该对人类有用的。所以"知识就是力量"这话就出来了，所谓力量性科学这个模式就从培根嘴里讲出来了。所以近代科学的有用性是经过了基督教的洗礼，灌输到里面去的。一旦时机成熟，外部条件成熟，19 世纪就开始有用了。

许：而这正好也是中国人引进西方科学的时候，所以我们看到的是它有用的一方面。我记得我们小时候对科学家的想象就是钱学森。钱学森为什么厉害？因为美国人说他可以顶五个师。在近代中国，科学紧紧地跟失败的民族情绪联系在一起。我们认为自己力量上处于衰败，然后对科学产生兴趣。这是个很大的情结，可能妨碍了我们对世界的很多基本理解。好像我们倡导的那种科学精神并没有生根，反而在很多领域你感觉到在退隐。

吴：再往上，像竺可桢那一代人，他们是非常淳朴地接受西方科学教育的一代人，也最早认识到科学的本质是求真。什么是科学？科学的本质、科学的精神是什么？竺可桢说就是八个字，"只问是非，不计利害"。这个思想在中国文化里是破天荒的。

许：说得好。

吴："只问是非，不计利害"。我们以前不理解，哪有这种傻人呢。竺可桢活到了 70 年代，很多人心目中，竺可桢好像是个古人一样，他竟然说出那么不懂事的话。所以到了新世纪，一开始觉得中国科学不行，是因为我们穷，没钱。后来发现我们钱也挺多的，怎么还不上去啊。这恐怕跟我们对科学的误解有关系，这个误解从来没有得到认真的纠正，而学科学的人就一个猛子扎下去开始直接解题。你甭说那么多，把问题解决了就行了。这个当然不是科学精神。但功利主义这件事情没有机会认真地清算，特别是在中国已经有了很多科研投入之后，它就成了一个瓶颈。其实大家也慢慢认识到，现代国家的综合国力靠科技来衡量，而现代科技的实力靠基础学科来衡量，而基础学科的发展不是靠钱，最重要的是自由的个人、自由的灵魂、自由的创造、对宇宙奥秘的好奇、对真理不可遏制的情感。

世界本无意义，
你通过你的创造来获得意义

吴：我给你介绍一下我这些东西。这个是手摇计算机，它转一圈就相当于乘以一。你来摇一下。摇下去，别害怕。

许：还挺重的。

吴：这是一个学生从德国买回来送给我的，我还没有捐给博物馆，我先玩玩。你再看这个，这个星盘是阿拉伯人的发明，这叫六分仪，航海就用它测星的高度。

许：好神奇，感觉一下回到少年宫。我很好奇吴老师你为什么可以始终保持这么好的一个精神状态、活力？

吴：还是个性。有的人天生乐观。

许：不仅乐观，还始终保持着当年天才少年的劲。

吴：我在体制内还是比较顺利，而且我从社科院到北大、到清华，北京地区三个最高学术机构都被我干遍

吴国盛
世界本身不再散发着诗意的光辉，一切都是物质

了，没有实际受过挫折，就养成了乐观的习惯。我们出去走走，别光坐着聊。

许：行啊，你带我去"荷塘月色"……

吴：清华这一块最好。80 年代早期它是荒凉的，当时有一个谚语，叫"北大不大，清华大，清华不清，北大清"。说它不清就是说它不好看，太荒凉，但是地方大。

许：说到 80 年代，你看那时候，还有一种很普遍的对科学的崇拜，好像过去十多年，反而这种科学趋势少了。

吴：对，新中国成立后，可以援引的文化资源少，科学好歹一直……在中国人心中，近一百年它还是中性的，保险一点。80 年代科学成了一个很强大的利器，金观涛老师他们之所以当时比较红，也和这个有关系，他是以科学的名义做的。科学在相当长的时间里是有光环的，但是越往后，科学主义就上升到道义的正当性，变成科学家维护自己既得利益的时候，那就有问题。特别是现代技术，利益相关这么严重。

可是中国文化提不出这样一个话语体系来制约他们。中国古代对利益相关的事从来不警惕，相反认为相关才好啊。包办婚姻为什么好？我是你爸我能害你吗？我难道不比你懂更多吗？就是这种思路。但是慢慢地，从西方也学会了，利益相关你得回避。过去没有，过去说我是专家我才能说话啊，转基因你知道什么啊？不知道，那你就不要发言。但问题是，你是不是拿钱了？你必须得保证你没拿钱，我们才听你的。所以科学光环的消除和这个有关系。早期科学家自有纯正的光环，搞数学的，把身体都搞坏了，自己一点好处没有，国家是亏欠他的。

许：像圣徒一样的。

吴：这就是说很多科学家平庸化了，和普通的利禄之徒没什么区别了。

这里可以多说一点，我们现在生活在散文时代，因为日子过得舒服嘛，衣食是无忧了，但是整个创造的活力都在丧失。比如说科学界，已经近半个世纪没有激动人心的突破。现在就是零打碎敲，做一点有限的工作，比如发明一个什么新材料，但是你的投入产出比，你的边际效益一直在递减，整个科学界都有这个问题。而你看一百年以前，那时候多过瘾。

许：英雄辈出。

吴：当然你放大了看，这其实也是个世界性的问题。现在除了马斯克这些人创造的一些新的、准宗教的追求之外，人类还能有什么追求呢？在西方世界，基督教再也不能够激起人们的热情，上帝反正已经死了或者被谋杀了，整个世界本身不再散发着诗意的光辉，一切都是物质。我们唯一能够有所想象的就是外星人。

这个思想我在三十年以前就讲过，我说外星人其实就是传统社会的鬼或天使，它既不能证实也不能证伪，只不过是人们在不同时期，以不同方式对超验事物的呈现。人家过去说鬼一般在农村出现，城市很少闹鬼。反过来，以后外星人也一般出现在城市里，很少出现在乡村。

许：因为已经有鬼在那儿待着了。

吴：所以我是觉得，科幻这个东西怎么能够有那么高的地位？所有的文学作品里面，科幻属于贫乏的一类。

许：这句话会被骂死的。

吴：我觉得是这样的。我实际上没想到《三体》如此受到追捧，还是挺大跌眼镜的。科幻比较便利地使用了一些科学元素，貌似更新奇，但我们都知道，所有的科幻电影，最终打动人的是人性的那部分，科幻只是个由头。如果不懂得拆迁这个事，谁看得懂《阿凡达》？它只是换个地方来重演地球上拆迁的故事。想象力的贫乏和欠缺，当然是因为现在强势的科技带来了一些后果。费曼有一句名言，说一部科学史，千言万语就是三个字——原子论。原子论的意思就是说，我们肉身所接触的世界是虚幻的世界。比如坐我对面的你，其实是一堆碳水化合物。

许：这是一种科学的思维方式。

吴：而你所说的微笑和风度，那都是虚幻的、不重要的东西。这是要害。现代科学的基因里面就包含一种弭平天地的气势，我称之为，让物丧失物性。这跟原子论的说法是一致的，所有的东西通通消解成一堆粒子，全同化，没有差异。这引发的后果是什么？那就是事实和价值的二分，人们再也不能从事实中推出价值，再也不能从世界观中推出价值观。因此我们徒然面对这么大一个宇宙，但其实从宇宙中我们得不到任何慰藉，生发不出对你有积极意义的东西。

许：所以我们得想象出吴刚和嫦娥，想象出鹊桥相会。

吴：你必须这么想，但这个很困难，相当于自欺。你一边透过大望远镜看着那边的星云，一边告诉自己那是个神在那儿，你怎么可能做到呢？

许：所以我们要创造很多日常的神话。

吴：所以创造成了我们的一个使命，而在传统社会里，创造不是人的本分。你算老几，动不动创新。现在创新是你的职责。

许：是你的存在基础。

吴：你不创新，就会缺乏生活的意义。因为世界本无意义，你通过你的创造来获得意义。而古人不是这样的。所以你会发现，现代人的焦虑来自这个地方。现代人的焦虑是非常深刻的。他总是要创造新的东西，于是每一个技术里面都可以生发出多样化的可能性。

许：有一个问题好像既是陈词滥调，但大家又从来没有说清楚，那就是，技术本身到底有没有善恶的倾向，还是说它只是中性的？好像争论一直在进行，你怎么看？

吴：过去我们关于技术有一些成见，最大的成见就是，它只是一个工具，一个中性的工具。好人可以用它来做好事，坏人可以用它来做坏事。但现在看来，这是有问题的。事实上，技术一旦进入使用，它会自己生发出一些逻辑来，这个逻辑人往往是很难抗拒的。电子通信时代早期是鼓励你去联络、开放、互动、分享，但是它的后果加剧了人群的割裂。因为现代技术倾向于割裂，现代技术是割裂的技术。

许：这个逻辑链条是怎么发生的？

吴：现代技术是基于现代科学，而现代科学的前提是假定世界是原子化的。你不管大得怎么样，我们切开了再看，所以都是切。切是现代科学的一个基本方法，它特别擅长分开，但是整合就很麻烦。

许：分散、去中心化曾被认为是值得赞赏的。在那个所谓密不透风的大一统时代，大家渴望多元化，但是你发现真的多元化之后，新的问题又来了。每个人局限于自己的圈子，不愿意，或者压根没机会接触别的信息。碎片化、信息茧房，于是粘合的问题又出现了。我们现在这个时期，创造共识恐怕又变成一个更加艰巨的任务了。

吴：对啊，而且情况不一样了。过去我们共同的敌人是匮乏和饥饿，所以当时改革也好，开放也好，共识度很高。现在没有饥饿，没有匮乏，那我们共同的愿望是什么？

许：没有方向。共识的达成需要很多支点，需要人能建立亲密感，然后彼此之间多了解，可以继续谈下去。人本质上是需要场景的，不能抽象成一个语言的动物。而这种抽象正是技术带来的。你看互联网刚出来的时候，我们会觉得这是极大的便利，但这个阶段很快就过去，然后就开始出现误解。这种分裂是之前很难想象的。

吴：这里有另外一个问题。互联网是一个普适技术，普适技术的一个特点是它实际上会同时生成两种可能性：一种是去中心化的，一种是中心化的，这两者都是可能产生的。怀特海^[1]有一句名言，说人就是这样，一方面希望邻居足够相似，以便相互理解，一方面又希望他足够不同，以便相互学习或者羡慕，就是这么回事。你不可能说相似更好还是不同更好，而且你要看到没有任何一种交往技术，有今天的电子信息技术这么迅捷而辽阔，基本上只要你愿意，你就可以产生新的平台。

许：物理成本降低了。

吴：基本上就是没有成本，我觉得。我们讲对话需要现场，需要创造一个沟通平台。无论来自不同阶层，还是来自不同的行当，我们能不能有共同感兴趣的东西，这个很重要。

许：对，不过文化系统之间的沟通变得好像……这可解吗？比如 C. P. 斯诺提出"两种文化"^[2]，他说完之后，科学家和人文学者两边的辩论也是各说各话，很难形成沟通。

吴：他唤起了一种意识就够了。C. P. 斯诺其实也没说什么，就是陈述个事实，学理科的看不起学文科

[1] 怀特海（A. N. Whitehead，1861—1947），英国数学家、哲学家，著有《过程与实在》等。

[2] 英国科学家和小说家 C. P. 斯诺，于 1959 年在剑桥大学演讲，第一部分的标题即为"两种文化"，其论点是"整个西方社会知识分子的生活"被名义上分成两种文化，即自然科学和人文科学，这种文化上的两极分化给人类带来损失，C. P. 斯诺为此提出警告，并呼吁两者的合作。

的，学文科的看不起学理科的。但是在英国社会，主要是学文科的看不起学理科的，因为觉得你没文化，莎士比亚都没看过。其实他没说什么，但是就好像变成一个警钟。

中国社会长期以来浑然不觉，不觉得这是个问题。理工科学生公然地瞧不起文科生，认为这是天理，这没什么好说的，根本就没有反省。所以我现在特别鼓励科学界内部产生多样性，让科学家有不同的言论出来。在文化领域也应该这样，因为现在中国的人文学界没有力量，根本不敢与科技界抗衡。我们要重建一些理想，张扬一些东西，如影随形地拖着科学、制约科学。很多人对我的很多想法感到很迷惑，不知道我究竟在主张什么东西。

许：感觉很矛盾。

吴：说你究竟是个科学主义者，还是个反科学主义者？有时候你表现出是一个科学主义者，你不断地弘扬科学精神，希望大家都理解科学，怎么有时候你又要限制科学？那我说，这两者并不冲突。中国人一百多年，一直在学怎么做科学，对科学的理解是完全漏掉了。所以现在同时要补两个课：第一个，我们学科学和用科学意味着什么？第二个，你一门心思扑进去，按照科学逻辑做的话，它的后果是什么？

吴国盛
世界本身不再散发着诗意的光辉，一切都是物质

你看，19世纪之后，社会的各种力量通通向科技靠拢，基本上20世纪、21世纪也继承了这个态势。这样一来，社会结构也同时被科学格式化了。19世纪以前，社会的力量是多元的。现在越来越变成，一个社会势力如果不能抢占科技先机的话，就不能算作一个真正的社会力量，这样就单一化了。

单一化之后呢，就是海德格尔一辈子忧心忡忡的技术的威权、霸权。他不是说怕技术厉害，而是怕技术厉害到没别的东西了，那么人类精神就丧失了多维度，就变得贫乏。

海德格尔是春江水暖鸭先知，他比我们要敏感一点，但他没赶上智能化时代。你看我们的电脑发展技术里面，最大的一个趋势是什么？让人的肉身越来越少地介入。鼠标就是一个革命性的变化，标志着IT技术对于肉身的使用最小化。以前十个手指头打字的时候，你还是全身心地散发着诗意的感性光辉。

许：（笑）

吴：你这家伙怎么笑点那么低。（笑）

所以计算机的发展有一个趋势，就是让人类的肉身尽量少的使用。今天更少了，鼠标也不要了。它是提高效率了，但它的代价太重了，在这样的趋势下，人类必然会开始丧失重性。我们经常说一个人不知轻重，是表示这个人没有人性。现代的科技可能以某种温水煮青蛙的方式剥夺你的重性，刨掉人性的一些基础。这个是新事，这个事还不能说不急迫。

许：那你觉得你说的那个诗意的世界会回来吗？

吴：应该强调科学本身的有限性，就是人的存在本身是没办法讲清楚的。而且人的存在作为一个谜，不是负面意义上的谜，而是正面意义上的谜。

许：这种不可解释性是非常重要的。

吴：是非常奢侈的一种精神状态。它的不能破解是一种哲学上的不能破解，它是一种先天的盲点，而呵护这个盲点是人类唯一的希望。

鲁白

脑科学是最后的边疆，
用自己的脑子研究脑子

鲁白

1982 年毕业于华东师范大学生物系

1990 年获得美国康奈尔大学医学院博士学位，后赴洛克菲勒大学，师从诺贝尔奖得主保罗·格林加德 [1]

1996—2009 年任美国国立卫生研究院儿童发育研究所神经发育研究室主任

2003 年与丹尼尔·R. 温伯格 [2] 发表论文，被《科学》（Science）杂志列为 2003 年世界十大科技突破第二名

2013 年任教于清华大学，现为清华大学教授

---

[1] 保罗·格林加德（Paul Greengard，1925—2019），美国生物医学家，因发现多巴胺和一些其他脑内的传送物在神经系统的运作原理，获得 2000 年诺贝尔生理学或医学奖。

[2] 丹尼尔·R. 温伯格（Daniel R. Weinberger，1947—）是约翰斯·霍普金斯大学精神病学、神经病学和神经科学教授，也是利伯大脑发育研究所的主任兼首席执行官。

当意识到自己脑萎缩时，我陷入短暂的不安。鲁白随即安慰我，三十岁以后，人人都会的。他还安慰我，我的大脑中央沟回特别深，它是聪明的标志。

我半信半疑。不过，屏幕上的大脑构造，像是一幅水墨画，不无飘渺与诗意。这就是人类科学发展的最新前沿吗？比起外太空、无穷无尽的远方，我们的大脑是另一个等待发现的疆域。

对于1978年的鲁白，这还只是天方夜谭。在上海郊区的"五四农场"，他要和知青们把盐碱地改造成农田，高呼着这样的口号，"宁可做得肝硬化，不让海滩长芦花"。高考改变了他的命运，在大学，他听说脑科学是科学最后的边疆，随即投身其中。

很可惜，我对于《神经营养因子对细胞突出的高频刺激和长时记忆的调节》这样的论文，缺乏理解能力，使得我们的谈话常流于表面。但鲁白的经历，也令我更清晰地意识到，科学家从不生活于抽象中，科学探索与时代背景和科学家的个性紧密相关。

控制你生命的，全在这里

鲁：我看过你们的节目，有采访陈冲的，陈嘉映的，坂本龙一的，科学家很少。

许：你是第一个。关键脑科学特别有意思，像新的大陆一样。

鲁：我们现在待的这个地方是影像中心，等一下给你做个小小的脑体检，看看你脑子里面长啥样。

许：我就很焦虑，突然有机会知道自己的人生本质是什么样子……

鲁：我们先看物质，然后再看精神。先看你的脑子是比人家大了还是比人家小了，或是血管长啥样了。

许：如果发现我脑子即将迅速衰退，我该怎么办……

鲁：这个清楚了。来，看看你的脑子。

这就相当于给你的大脑做了切片。这是小脑，这是脑干，这是中脑，这是脑桥。控制你生命的，全在这里。

这个区域就是海马结构，和记忆相关的。这个叫前额叶，我们的很多分析、认知功能是从这个地方来的，动物越是进化，前额叶越大，所以人的前额叶是最大的。这个部分损伤之后容易出现精神障碍，像有的案例就是出车祸撞到前额叶，就出现了精神症状。

许：真是一个神奇的宇宙啊。我正常吗？健康吗？

鲁：非常健康。

许：我脑子的案例会对科学研究有帮助吗？

鲁：没帮助。

许：这么直接啊，鲁老师。

鲁：我们科学最怕的就是 n=1，除非你是一个特殊的情况。一般来说，需要把很多病人的情况平均，然后来看人脑的功能是什么样的。

我给你看这个，这个就叫沟，这上面叫回。你的中央沟回特别深。沟回越深，说明暴露的大脑皮层面积越大。爱因斯坦的沟回就非常非常深……

许：就是我还挺聪明的，是吗？

鲁：就是你的大脑动脑筋的话，基数会比别人多一点。你去看猴子的脑子，或者看狗、猫的脑子，它们的脑子表面是比较光的，没有沟和回。为什么人会有呢？就是人的大脑在做越来越多的功能，不够用了，所以要通过褶皱来增加它的表面积。也就是说沟回的多少代表了这个种属的进化程度。比如猩猩的沟回就比猴子要多很多。猴子是有的，猫也有一点点。

你看这儿，这就是你的静脉，很丰富啊，漂亮。

许：像水墨画。这打印出来不就是一件当代艺术作品吗？

鲁：对，这个挺好看的，后面那个动脉也挺好看的。你的大脑皮层跟头盖骨之间的距离有点大，有点脑萎缩吧。

许：萎缩是怎么回事？听得我觉得很恐怖。

鲁：年纪大了都有萎缩，我也脑萎缩，脑萎缩是正常的。到了七八十岁，脑子会萎缩得很小。现在叫老年性脑改变。

许：我已经开始进入衰退期了。噩耗啊！

鲁：但是沟回很深，所以你潜力很大，你的这个脑子还可以用。

许：太会鼓励人了。我缓一下。

鲁：那我们在这边转一圈吧。这个地方比较特殊，我们国家针对某一类重大疾病会成立一个专门的国家临床实验中心，全国大概有三十多个中心，这个叫国家神经系统疾病中心，承担了各种各样的任务，其中有一个任务是质量控制。你看这个叫脑血管的质控中心，从这里我们可以看到各种疾病数据，很震撼。

这间质控中心有啥用呢？我们每年会出一本所谓的"白皮书"，就是这一年里通过这些数据，我们获得了什么。白皮书会推荐、改变一些生活做法，比如说我们要减少饮食里面的盐的含量之类。做医生呢，最高的成就就是能改变指南[1]，我的发现最后给全中国带来益处，甚至成为改变全世界人的指南。

许： 可以说是改善人类社会了。

鲁： 对。每个行业都有不同的评判标准，像我们做科学就是发表论文的引用量，如果被引用多一点的话，就变成大家公认的东西，就能够进入教科书。有时教科书的内容也会是错的，再被后来人修正。

许： 错了也重要。

鲁： 对，科学很多时候是这样的，互相之间的修正，甚至竞争，最后推动了科学的发展。比方说埃里克·坎德尔[2]，他跟我老师住在同一个城市，两个人一辈子较劲，看谁做得好。结果他们同一年得诺贝尔奖的，得了诺贝尔奖以后还继续较劲。

许： 好可爱，这么良性的关系。瑜亮情结。

---

[1] 在现代医学中，指南将科学证据与临床实践联通起来。对于年轻医师和基层工作者，指南起到规范职业行为及指明职业发展方向的作用。

[2] 埃里克·坎德尔（Eric Kandel, 1929— ），犹太裔美国神经科学家，一生致力于神经科学的前沿研究，因在记忆存储的神经机制研究中做出重大贡献，于 2000 年获得诺贝尔生理学或医学奖。

鲁：对对，瑜亮情结。做科学的有一种动力，就是要打败对手，觉得这个对手很厉害，我跟他打，不厉害我不跟他打。

等一下我们上五楼，一般我们在五楼开会、交流。

许：你来这边多吗？一周来几次？

鲁：我经常来这边，我们正在设计一个临床实验，是什么呢？中国第一大病就是脑卒中，俗称中风。第一次发过脑卒中以后，一年之内有一定的复发率，这个复发率还挺高的，曾经是 30%。全世界的各个研究中心用各种各样的办法，把它渐渐往下降，降到一定的水平再也降不下来了，现在大概是 8%—12%。所以我们现在在做一个实验，就是我们研发了一种药，想知道这个药对脑卒中的哪一种亚型[1]特别有用——脑卒中粗分的话有五种亚型。这个药是要抑制脑子里面的一个酶，所以我们想知道要抑制多少才有用，还想知道它是作用在脑子的哪一个地方，是作用在内皮细胞、神经元还是胶质细胞。这些实验就在这边开展。假如这个成功，那就可以大大降低中国第一大病的复发率。

许：那就太了不起了！像脑科学这个领域，中国整

---

[1] 亚型指同一种疾病或症状下，根据临床表现、病理特点、分子遗传等方面的差异，将其进一步细分出来的亚类。

体研究水平在整个世界是一个什么样的位置呢？

鲁：现在已经相当不错了，我觉得中国在少数几个生命科学的领域都已经到了第一或者第二的水平了，脑科学比起其他稍微落后一点，但近十年，我们在全球招了很多相当不错的科学家，来了以后也做出了成绩。

而且脑科学在中国是有基础的，你知道为什么？"文革"的时候，其他所有科学都停下来，有一样东西没停，叫针刺麻醉。因为针刺麻醉是一个样板，周恩来总理说这个东西我们要发扬光大，所以很多人打着针刺麻醉的幌子来研究脑科学，有相当一批脑科学家就这样被保护下来了。这些科学家继续做研究，就会影响到一批年轻人，我也是其中一个。后来我们这批人出国，当然出国就不做针刺麻醉了，但还是在神经科学里面，其实很多都是受了这个影响。

许：原来是这样的，在当时的情况下，居然无意中保护了神经科学。那 1978 年你上大学的时候，有做一个科学家的某种自觉吗？未来要成为一个什么样的科学家，会有这么一个榜样吗？

鲁：当时说老实话，因为我第一次高考没考上，就想要有一个保底的——找一个师范大学，再学生物，觉得这个比较冷门，总能考上。当时其实是为了要生存。因为我下乡的时候，很艰苦的。那时我在上海的"五四

鲁白

脑科学是最后的边疆，用自己的脑子研究脑子

农场"，就在奉贤的海边，到处都是芦苇，要把满是芦苇的盐碱地，改造成可以种庄稼的田地。有句口号叫"宁可做得肝硬化，不让海滩长芦花"。还让我们挖河，弄两立方土。你知道两立方土有多少吗？是好几吨重。挖了以后再把土挑到上面的斜坡去。那个斜坡大概两三百米高，十七八岁的小孩子挑大概两百斤重的担子，一步一滑一步一滑，有时候还会滑到原点，再重新来过……

许：太可怜了。

鲁：就在这种情况下，突然说可以高考了。那种动力是逃生的动力，就是拼死老命，想尽一切办法来学习。最难过的是晚上，秋天的时候，蚊子很毒，穿着很厚的衣服，但是也挡不住，就让蚊子在那儿咬，一个一个包，不管了，就这样看书。

许：第一年是报哪儿，没考上？

鲁：第一年报的是上海机械学院，一开始我还挺高兴，让我去体检了，那说明分数过关了，对吧？但后来说，我家里面不过关，就被刷下来了。第二年我也没考得特别好，但是语文和政治的分数特别高，靠这俩把我拉上去的，勉勉强强过了华东师大生物系录取分数线。那个时候真的是拼命学习，不是我一个人，大家都非常愿意学习。

许：等于被耽误的十年要补回来。

鲁：是，这个机会来之不易。当时我就跟几个学习比较好的人说，咱到物理系去学电子学，到化学系去学量子化学，把时间挤出来，多学一点，其实也半懂不懂的。后来就碰到了周绍慈[1]老师，这让我第一次接触到电生理[2]，非常吸引人。他说脑科学是最后的边疆，用自己的脑子研究脑子。

许：最后的边疆，这个说法很吸引人。

鲁：周绍慈老师是从苏联留学回来的，不太愿意接触人的一个人。我鼓起勇气给他写了一封信，说我对脑科学特别有兴趣。他真给我回信了，说要打好基础，多学好问，我就打定主意，一定要到他的实验室去做毕业设计。那个时候基本上就决定了我以后要做神经科学。不过那时候，大家不光是想着学习，还想着家国大事。

许：那是普遍的时代气氛。

鲁：没错，社会氛围普遍很昂扬。等到我们大学毕业的时候，大概是1982年、1983年的时候，邓小平说要把人"送出去"，到国外去留学，美国有一个人响应，

---

[1] 周绍慈（1932— ），华东师范大学生命科学学院教授，研究方向为生理学。

[2] 电生理是生理学中研究细胞与组织的电学特性的分支，它包括对单个离子通道到整个器官（如心脏）等的电压、电流测量与操纵。

就是李政道，说我们要做一个"中美联合招考物理研究生项目"，每年挑一百个人送到美国去。那个影响力太大了。到现在你知道中国的物理在全世界是什么情况吗？超过一半都是中国人。

大家都在那里考、竞争，我就来弄一个自费留学。因为我是不被老师看好的，公费留学肯定不会选到我，所以我根本想都不用想的，就下定决心自己留学。但那个时候突然政策变化说不可以自费留学，只能公派，那怎么办呢？大学毕业后我就在浦东一个中学教书，教了一年。

许：教什么呢？

鲁：教生物学。后来又考研究生，反正也是阴差阳错就考到了上海医学院，现在叫复旦医学院。

许：当时学校里可以看到《科学》《自然》这些国际性的权威杂志吗？

鲁：需要想办法。学校有给教师看的，我们想办法混进去。

许：读研究生的时候是不是已经意识到国内外的差距已经非常大了？

鲁：对，非常大。我还记得，有一个复旦来的老师跟我们讲美国的摇滚乐。我的天，现场真是黑压压的一片，你想想，他一边上课一边放肯尼·罗杰斯[1]。当时我们对国外文化充满了渴望。那个时候我还和朋友搞过一个艺术史的系列讲座，朋友讲，我帮忙，从古希腊的柱子一直讲到毕加索，所以我在读书之余，非常拥抱这些新的文化。

后来到了纽约，今天看莫奈，明天毕加索，后天看歌剧，整个对人文艺术的兴趣都被点燃了。

许：那个时代，从中国到纽约，是你的整个脑皮层都非常亢奋的时代。

鲁：对，都在受刺激。

---

[1] 肯尼·罗杰斯（Kenny Rogers，1938—2020），美国乡村歌手、摄影师、唱片制作人、演员、企业家、作家，代表作有《女士》《我不需要你》《溪中之岛》等。

Be an American, Be a Chinese

　　许：那你后来是怎么出国去了纽约的呢?

　　鲁：后来政策又松动了，我又开始不安分了。我本来要申请加拿大的学校，因为加拿大有亲戚、有朋友。但是当时《科学》出了一期特殊专题，是分子生物学刚刚进入神经科学，它请了大概 12 个科学家，每人写一篇文章。我们读了很兴奋,那会儿我和饶毅[1] 一个宿舍，饶毅就拦住我，说不行，要去申请美国，我们就在这12 个科学家里面找导师。

　　许：每人认领一个。

　　鲁：对。我就选了其中一个，Ira Black，写了长长的一封信给他，说对他的工作很感兴趣，想到他那边学

---

[1] 饶毅（1962—），生物学家，北京大学、首都医科大学教授，从事分子神经生物学研究。

习。一个月以后，收到厚厚的一个信封，上面写着：中国 上海 鲁白。

许：竟然能找到你。

鲁：就找到了，就寄到我的手里了。

许：这太神奇了。

鲁：当时没什么人跟国外联络，邮电局很容易找到我。信里说搞了一个学费奖学金，我理解错了，觉得有奖学金，那就去。谁知到的第一天，人家说只是不要我交学费而已，我一下子就蒙了。那咋整，咱得打工啊。

许：打过哪些工？

鲁：有各种各样的。印象深刻的是什么呢？你怎么都不会想到的。美国过去发会议的通知是一封一封邮寄的，上面有个东西是金属的，你要把它拎起来，中间有个孔再把它翻开来，弄一个两个无所谓，要弄一千个，弄到指甲里面的血都出来了。

后来有个比我高几届的韩国女生，她说可以找学校里面的工，不用和外面的人竞争。正好图书馆有打工的职位，我就去申请。人家跟我讲两句英文，我听都听不懂，就不要我，我只能跟他死磨，毕竟这关系到生存。后来他说，这样吧，你就做最后一班工，快要关门的时候，拿麦克风说图书馆将在五分钟后关闭。我就穷练这句话，人家都不知道我在干什么。到了第三天还是第四天，有一个·美国学生跑来跟我讲，你的英语进步了很多。

许：这太温暖太可爱了。

鲁：对，这就是我最初的打工经历。但那段时间很短，很快我就找到了一个教授，他需要一个实验室的技术员，这个活跟我们专业有关。他挺大方的，我就基本上解决了生活问题。那段时间是相当开心的，特别是前面几年，因为还没有毕业的压力。我工作反正是很努力的，可能是我们实验室最努力的一个。

许：那等于是一个快速成长、吸收的时段。这个过程里，有没有印象特别深或者对你影响特别大的事？

鲁：大概一年级的时候我去参加了一个讲座，对我影响特别大。我记得那是 1985 年快到年底了，天比较冷，演讲的人叫田长霖，加州大学伯克利分校的校长，你知道他吧？

许：我知道，他属于改革开放之后，大家会知道的杰出的海外华人之一，是一个传奇人物。

鲁：对对，他是一个传奇人物，他篮球打得好，还被提名过能源部长，又是一个校长，学术也做得很好，是美国国家工程院院士，我们华人都盼望着他来给我们讲课。其实我后来再也没见过他，但那个演讲真的是影响我的一生。

他是怎么说的呢？他说你们来美国留学，我给你们两个建议。第一个就是"Be an American"，做一个美国人。你看你们中国学生，回家吃的是中国饭，老婆是中国人，在家里还要看中国电视，还要订中国的报纸，你的朋友全是中国人，你到美国来干啥？所以你一定要彻彻底底地变成美国人。他说你看楼下有个报亭，任何一本杂志，你拿起来，从头读到底，能够大概读懂，不光是你英文过关了，你也了解了美国的文化。这就对我的影响非常大。你看我跟很多在美国的华裔科学家不太一样，就是我会积极主动地融入主流社会。

然后他说假如光是"Be an American"的话，you are a banana，没意义，人家也看不起你，所以他说的第二句话就是"Be a Chinese"。他说 Be a Chinese 不容易的，你不要以为你是中国出来的你就自然 Be a Chinese，你读过孔子吗？你读过中国的历史吗？你对中国的文化有多少了解？所以在国外你再好好地体会中国的文化，有一天你会觉得这个价值非常大。我当时对这句话没有特别理解，是在很多年以后我才体会的。那个时候我在美国已经有一些人知道了，会收到很多邀请，你参加这个委员会好不好，你参加那个事情好不好，他们会期待一个完全不一样的文化背景的人。你跟人家不一样，尽管你的学术水平跟人家差不多，但是你讲出来的话人家讲不出来。这就是 Be a Chinese。

许：这两句话说得太好了，尤其是第二条，Be a Chinese，这其实是一个很难的事情。

鲁：很难。所以听这个演讲真的是影响了我。后来我在康奈尔大学毕业以后就有点不想离开纽约，纽约有非常丰富的环境，我常常参与这样那样的活动，开了很多眼界。我把这个想法告诉我的导师。他说你不想离开纽约，那简单，我给你五个人你去选。其中有一个就是 2000 年得诺贝尔奖的保罗·格林加德，另外一个是哥伦比亚大学的教授，也是特别出名的一个人，两个都要我。

过了一阵子，保罗·格林加德给我打电话，他说你来不来没所谓，但是我可不可以把你的名字加在我们的项目里？他的项目里有一部分是要做细胞培养神经元，他说我们不会，但是把你的名字放上去，人家就觉得有了一个专家。我想我哪一天变成世界专家了？

许：有自信了。

鲁：就是因为这个，我后来决定要到他那边去。

许：他对你很重视，而且这个人真的好厉害，对年轻人这么礼待。

鲁：对，他有一种人格魅力，很吸引人。我以前以为我那个实验室是最好的，去了他的实验室之后，天外有天，山外有山。他那个实验室好大，五十多个博士后。学生跟老师的关系也非常融洽，有很多交往。在那儿你可以跟各种厉害的人交流，我就感受到一种完全不一样的文化，突然对什么叫贵族有了概念。那些教授啊，就是贵族——不是比谁有钱，他们当然也有钱。比如说杰拉尔德·埃德尔曼 [1]，他的小提琴拉到可以在纽约交响乐团演奏，但他觉得我搞科学就是做善事。类似这样的人一大堆，不是一两个，很多人从欧洲来的，自己带着研究经费就过来了。

许：会有那种焦灼吗？那个世界被你看到，你也很喜欢、很欣赏，但永远不可能成为那个世界的一部分，因为那是由成长环境带来的。

鲁：有。

许：是一种外来者的焦灼？

鲁：倒不是外来者的焦灼，我觉得是有一种要证明自己的心情。要证明我也可以，可以成为他们。从这个结果上说，我是比他们做得好，我发文章，他们没发文章，别人读四年、五年、七年的都有，我只三年就毕业了，后面学术的路很顺。但其实有点过度努力。

[1] 杰拉尔德·埃德尔曼（Gerald M. Edelman，1929—2014），美国著名生物学家，1972 年诺贝尔生理学或医学奖获得者。

十三邀 Ⅱ
你愿意活出什么样的世界

许：你老是想要证明自己，所以就会超级努力。那博士后毕业后，找工作的时候是怎么考虑的呢？顺利吗？

鲁：我是 1993 年博士后毕业，那个时候有点犹豫，到底要不要做学术，还是到工业界去。到工业界你可以有一个稳定的收入，但这不太符合我的个性，我的个性里有那种天生的冒险精神，总是不甘心，总是要尝试一下。后来我就去了罗氏 [1]。罗氏搞了一个基础科学的研究所，叫罗氏研究所，我就在那个地方起步。那里是一个精英聚集的地方，总共二十多个研究人员，院士就有好几个，所以我起步条件比较好。

在那儿还有一件事对我影响蛮深的。我一到那儿，我们的副所长，也是一个很有名的科学家，就告诉我，你首先要有一个转变，现在不是你自己做科学，是你指导别人做科学，他说你 run 一个 lab，你要能够从政府得到钱，你还要管人。我在蛮早的时候就听进去了。

许：这个科学家的形象跟我们想的完全不一样的，我们想象的科学家都是一个人在小屋里吭哧吭哧做，不会涉及这种管理系统。

---

[1] Roche，始创于 1896 年，世界领先的健康医疗公司，致力于药品和诊断两大领域，以科研开发为基础。罗氏的科学家三次获得诺贝尔生理学或医学奖。

鲁： 科学家其实要有领导力的。我慢慢琢磨出来，有三条是领导力最重要的部分，准得不得了，后来回到中国来去套，好的领导基本上都是这样的。

第一样你要有视野，你要看得比人家远。很多人就是看着自己的门下，他不看远的地方，不看新的地方，所以他就抓不住一个趋势。而且这个视野不是简单地往前看，往往是倒过来做的，我站在第五年来看第四年是什么样的，第三年是什么样的，第二年是什么样的，那我第一年该干什么，第二年该干什么……是这样的。

第二个挺难的，要有勇气。很多人知道这个应该怎样做，他不敢做，没有勇气去走一条他没走过的路。很多我认识的科学家，科学做得好，就缺这一点。其实很多事成不成不是你有多大的智商，是你敢不敢做这个事情。

光有这两个还不行，还要有第三条，就是你做一个事情，不是你一个人做，你要有号召力，要有人跟着你一起干。中国的传统文化，从《水浒传》《三国演义》开始到金庸小说，都讲一个"义"字，西方人讲"trust"，其实有点殊途同归的，你一定要让跟着你的人对你有真正的信任。

许： 说得太好了，尤其是勇气，我觉得特别核心。

鲁： 对。我认识的那些大科学家，都有领导力，有号召力，也有胆量，有勇气，也比别人看得远一点。

许：所以你在美国是有过这种训练的。

鲁：我可能比很多科学家都更早地进入管理。

许：那个时候对你来说，华人科学家这个身份是清晰的吗？

鲁：那个时候不太清晰，这有一个过程。我在罗氏的时候，还是处在快速上升、要证明自己的阶段。但是两年半以后罗氏突然宣布关门，我就又开始找工作，最后选择了去 NIH（美国国立卫生研究院）。

对，这张照片可以看一下。这是我后来快要回国的时候，大家给我开了欢送会，送了一份礼物。我一打开是 NIH 的俯瞰图。我当时工作生活就是在这一块，生活了 14 年。

许：记忆是最珍贵的礼物。

鲁：是的，我就一直留着。我、饶毅，属于那时候第一批回国的，后来很多在这礼物上签名的人也逐渐回国了。

许：你这一代中国科学家都经历过大的社会变动，然后都是从一个匮乏的岁月出来的。这种经验对你们有影响吗？

鲁：非常大的影响，表现在几个方面。第一个是吃苦耐劳，真的是吃苦耐劳。你说我们比人家聪明多少？

没有。我是说我自己，当时我们班上有好几个人肯定比我聪明，到最后是我成了他们没成，很大一部分原因就是我吃苦耐劳。另外一个是忍耐，在遇到困难的时候，我们是吃得下的。

许：因为从小就有这种经历。

鲁：对，不管是受人家欺负还是……我们就忍了。对环境变化的适应能力超级强。

现在有一些年轻人，有时候会跟我说：哎呀，你们真幸运，什么都让你经历过了。但从另一方面说，我们也最辛苦，什么路都是要自己蹚出来的。

许：改变自我命运的这种动力很强。其实那真的是过去中国四十年最大的一个动力。那种实验精神，挺让人感慨的。

鲁：而且那个时候很多人通过自己的努力，确实可以改变自己的命运。

许：那个时候你对诺贝尔奖有期待吗？

鲁：诺贝尔奖是一种……它有很多偶然因素。我们会评论某个人说，他的工作达没达到诺贝尔奖的水平，就是说科学上面你会有一个追求，倒不是得诺贝尔奖，而是说你要做那种水平的工作。

许：你怎么来形容自己的野心呢？比如那时候那么要证明自己，其实是有野心对吧？

鲁：我该有的东西，真的是很快都有了。当然也有一定年份的积累。我的确是做得挺不错，全世界各种各样的会议都邀请你去讲，很多杂志叫你写综述，就说明你的工作已经到了这个水平。但是做到一定程度，你就觉得那又怎么样。

许：要重新问自己这个问题。

鲁：我是什么时候过了这关呢？——也不能说完全过了。说起来挺有意思的。2002 年，我去参加"神经科学年会"这样一个会议，坐在我旁边的是一个加利福尼亚大学洛杉矶分校的教授。他说你最近在想什么问题？我说我在想两个问题。第一个问题，假如我给你一千万美金，你还会做你现在要做的事情吗？第二个问题，要是你只有三个月可以活，你要如何度过你最后三个月？他倒吸一口凉气，你怎么想这么大的问题？

一个月以后我必须面对第二个问题，被诊断了是癌症。你只有这么多时间的时候，什么是最大的优先级？那时候我专门去看那些得了绝症的人的心路历程。有一个人对我的影响也挺大的，你知道是谁吗？

许：谁？

鲁：梅艳芳，我看了她最后的演出。她最后的演出是嫁给了舞台，穿着婚纱在演唱，灯光最后湮灭了。采访的时候她就说，将军战死沙场，一个演员就应该死在舞台上，我就让大家记住我现在这个样子。后来她放弃治疗。我想想有道理啊，其实你生命的长跟短不重要，重要的是你在这一段时间，自己活出了那个味道没有。你必须要面对死亡的时候，有些事情就变得非常不重要了。

许：癌症这件事情给你带来了很大的改变。

鲁：有一个非常巨大的转变，就是我觉得去给予而非索求，给我带来的幸福更多。我是有很多人帮我的，有托马斯·因塞尔[1]帮我，有罗伯特·戴西蒙[2]帮我，他们帮过我，我都没法帮助他们。为什么？他们比我高。但是我可以帮别人，而在帮助别人的过程中，我实现了我自己。

许：其实是某种传导。

鲁：对。所以你不要去想，你帮别人以后他会帮你什么，你就帮人家，你会得到很多快乐。再有一个，我觉得要尊重过程，而不是那么追求结果。

我以前的确是这样子，一天到晚就想下一个目标是什么，都忘了这个过程当中旁边的风景。其实生命中的愉悦是在每一步的过程当中。

[1] Thomas Roland Insel，神经科学家，美国国立精神卫生研究院（National Institute of Mental Health，或称 NIMH）前院长。

[2] Robert Desimone，美国国家科学院院士，麻省理工脑研究院院长。

定义你是谁的，是记忆

许：鲁老师，又见面了。

鲁：又见面了。

许：这个办公室你坐了多久了？

鲁：2016 年到现在，蛮长的时间。

许：摆了好多照片。这张照片是参加综艺节目是吧?

鲁：这个节目叫《机智过人》，这是跟撒贝宁、朱广权还有韩雪的合照。

许：这好像是你不同的侧面。

鲁：对。你看这个照片也挺有意思。这是麦戈文（Patrick McGoven）夫妇，这对夫妇是最早进入中国做投资的。你知道 IDG（国际数据集团）吗？

许：我知道，他真是最早分享到中国市场的起飞的，IDG 在中国的业务比他们全球其他地方大多了。

鲁：大多了，但是他最后的兴趣是在脑。本来他想把我招聘到美国麻省理工学院，后来他说干脆这样吧，我赚的钱绝大部分是中国来的，我应该回馈中国。结果这个消息就走漏了，北京大学也来，清华大学也来，都来争这个资金。但是他不幸大概七年前去世了，去世以后，就把他的骨灰埋在我们门口。

许：真的？

鲁：他把骨灰分成四份，一份在美国麻省理工学院，一份在我们这边，一份在北大，还有一份在北京师范大学，他给了中国这三所学校资金支持。

许：全是关于脑科学研究的？

鲁：对，都是麦戈文脑科学研究所。他对于人怎么做决定很着迷。我记得他当时讲到战争，他说有什么仇恨，为什么做出这样的决定？他会觉得很不能理解。他认为赚钱不那么重要，重要的是赚了钱以后能够帮助人类增加对自我的认知。而他认为对自我的认识，其实就是对大脑的认识。所以他对脑科学特别着迷，每年的年会他都来听，他不是想听你们的运营怎么样，他就是要听你们科学家做汇报，虽然他不一定听得懂。

许：他就是出于好奇。说到这个，我回去找了好多你的论文，基本看不懂，太难了。

鲁：有些论文非常有创意，但其实并没有那么重要。发论文是有一定的技巧的，你知道什么是重要的，几个重要的因素都有了，再加一个比较有名的人，就可以了。

许：某种意义上也是个八股文。

鲁：对。所以很多论文我并不自豪，不太在乎。但是像刚刚你看的这篇是特别重要的。

许：《神经营养因子对细胞突出的高频刺激和长时记忆的调节》[1]，名字好长。

鲁：这是 1996 年发表的，它发表了以后就奠定了我在学术界的地位，当时很轰动，我就知道"好了，我成了"。

许：这篇文章为什么特别重要？

鲁：简单来说，这篇文章是讲脑源性神经营养因子（BDNF）对学习记忆机制的促进作用。我一开始就是做神经发育的，神经营养因子是神经发育里面的概念，脑子在不断发育的过程中是需要营养因子的，我发现神经营养因子可以调控大脑的链接，当神经营养因子往脑里面一加，LTP[2] 本来不出现的，现在却出现了。这个发现使得很多人很激动，假如把 LTP 看成是"学习记忆"的话，突然有一个东西可以让 LTP 出现，那我不

---

[1] 英文名为 "Regulation of synaptic responses to high-frequency stimulation and LTP by neurotrophins in the hippocampus"。

[2] 长期增强作用（Long-term potentiation，简称 LTP），是指高频刺激化学突触后，突触后膜反应增强，且可以持续超长的时间。LTP 的研究通常针对海马体，海马体是完成学习和记忆的重要器官。

够聪明的话，是不是可以靠加营养因子来获得学习记忆……这个文章影响很大，好像你找到了一个影响记忆的分子，而且好像有一个新的领域被开发出来了，叫"神经营养因子调控突触"。有一段时间，它是非常热门的课题，越来越多的人来干这个事情。

许：也就是说大脑是可以被改造的是吧？那比如说胆子小和大，一开始的时候可能胆子挺小的，但是经常演讲什么的，胆子就会变大，是不是行为经验也会使大脑的某一部分被激活，生长新的细胞？

鲁：对对对，倒不一定是生长新的细胞，是生长新的突触。这是大脑神奇的地方，大脑自己会长突触，它会长出来，也会缩回去，所以它不断地变化，根据需要在变。也就是说环境对你是可塑的，尽管你的基因没办法变，但是你的大脑突触是可以变的。这就是很多早期教育的基础。为什么要在早期就学数学、学语言，它有一定的道理，当然现在有些做得就过分了。那么就有一个很重要的学说叫关键期，就是说你的大脑在这一段时间非常容易被塑造。

许：这是哪段时间呢？

鲁：每一个大脑的区域关键时刻还不一样，前额叶发育是最晚的。女孩子要到 22 岁，大脑的前额叶才发育全，所以你就看到女孩子会更多地受环境因素的影响而造成精神状况的问题。

总之大脑发育是一个发展过程，即使成年了，大脑在很大程度上也是可塑的，可以用好的方面来影响它，使它变得能力更强，抗压能力、分析能力……也有坏的，滥用酒精、违禁品成瘾，或者是坏习惯……

许：完了，我天天喝酒。

鲁：别担心，我也经常喝酒。

许：刚刚你说你一开始是做神经发育科学，这个是比较细分的领域，后来对整个大脑的运转发生更强的兴趣，这个转变是怎么来的呢？

鲁：这个转变是在 2003 年，就是那篇著名的论文 [1]。大概是 2002 年，那时候我还在 NIH 工作，有一次被邀请参加一个国际会议，开会之余就去滑雪，碰到了一个人，看上去像土匪一样，很凶，就是丹尼尔·温伯格。他是精神分裂症领域顶尖的医生，他说我正在研究BDNF 基因变异对人脑的影响，但是我做不下去了，怎么办？后来我们就坐下来好好聊，这一聊，就出了那篇论文。其实没有花太多的时间，大概花十来个月。这篇文章——可能你读到了——就是发现了人的 BDNF 基

[1] 论文名为 "The BDNF val66met polymorphism affects activity-dependent secretion of BDNF and human memory and hippocampal function"。

因上的一个单核苷酸变异（SNP）能影响 BDNF 在脑中的释放，从而改变学习记忆功能。BDNF 分成两类，一类叫 VBDNF，一类叫 MBDNF，M 型的人脑子的记忆力比 V 型的人差。M 型的人在白人里面大概有 20%，在我们华人里面大概超过 40%。这个文章一发表，被《科学》杂志列为当年（2003 年）世界十大科技突破第二项。

然后突然一下我被很多领域邀请，精神分裂的领域、抑郁症的领域、阿尔兹海默病的领域……原来我做的是神经发育，就是突触可塑性学习记忆，是非常窄的一个领域，一出这个领域，我不认识人家，人家也不认识我。2003 年以后，大概有那么七八年的时间，我才真正进入所谓的神经系统。后来才知道有自闭症，有渐冻症，我的研究在这个里面还有用，研究领域逐渐就拓宽了。我自己也挺 enjoy 这样一个过程，不断地学习一些新的东西。

许：而且你有一种方法，就是学科的交叉碰撞，你看你这两篇重要的论文都是不同领域的碰撞成果。

鲁：我整个一路过来，一开始是无意识的，后来就变成有意识的，我会很关注旁边领域的人。

许：接下来想展开什么呢？

鲁：刚刚说的 2003 年这个发现，把我带进了一个不同的领域，使得我更多地跟临床医生开始接触了，就是做所谓的转化研究，怎么把基础研究的发现应用到临床上去。这个阶段做到一定程度，我就觉得光在学术界没法做，比如说你有一个病人，那你咋诊断？你在学术界是没法搞的，正好有一个机会，我就去了制药公司，学习怎么来做药，那四年多的经历非常有价值。然后我就来了清华。现在我很多精力是在做转化和应用。

我的学术生涯基本就是这样子过来的，从神经发育，到学习记忆，到认知，到精神疾病，到转化，然后再到药物发现。

* * *

许：刚刚提到 BDNF，说中国人的 M 型比较多一点，这说明什么吗？

鲁：不能说明什么问题，只是说种系的差异吧，就是 M 型的 BDNF 释放的量少一点。因为 BDNF 对突触，对学习记忆很重要，你释放少一点，你的记忆就差一点。

许：这在科研之中算很政治不正确的推进吗？当年的"优生学"不就这样推进的？

鲁：这个不算，基因的变异之所以能够存在到今天，是因为它自身有不同的优势，M 型 BDNF 的人记忆稍微差一点，有可能他对坏的事情记忆也不好，所以不太容易得抑郁症。这就是说，你跟我不一样，并不是说你比我好，我比你差，而是你有的东西我没有，我有的东西你没有。这就是事实，对吧？所以这个研究大家还是非常认可的。

许：就是说，最终我们可以通过生物学的方式来解释这些？

鲁：现在只是刚开始。那篇文章是第一次提供解释，就是基因可以决定你的大脑认知。

许：你会担心打开了一个危险的潘多拉盒子吗？

鲁：是，也不是。我觉得人类总要面对这个事情，但是基因的差异是一方面，你的经验也不一样。比如我要克隆我自己，现在理论上讲是可能的，克隆出来的人跟我一模一样，但你没有我的记忆，你没有我的经验，你仍然不是我。定义你是谁的，是记忆。

许：不仅定义个人，也定义整个社会、整个国家。

鲁：对，记忆是非常有意思的领域，很长一段时间是研究的一个热点。

许：聊到记忆，我就想，一个人不断地看到亲人离去，你记住它是很痛苦的，所以是不是大脑这部分就会沉睡起来，或者说不活跃，或者出于生存的需要，它就会改变？

鲁：我们这边有一位教授，他认为不是这样子的，他认为忘却是主动的过程，是大脑开发另外一个部分来积极地忘却。这个观点现在还蛮时髦的，有一部分科学家还找到不少的证据，认为大脑的机制的确一部分是主动的过程，主动地去让它覆盖，而不是被动地消失。

许：是很花力气地把它忘掉？

鲁：对。而且记忆的"溢出"进入了情绪，你可能有这个经验，凡是有感情投入的东西记得特别牢，对吧？比如痛苦的失恋，你把细节都记得很清楚。

许：对。

鲁：后来发现 LTP 机制不光是在海马体里面起作用，还在杏仁体（管情绪的）里面起作用，连细胞分子的机制都是一样的，这俩还相通。所以情绪对记忆的影响特别大，它还会扭曲人的记忆，让记忆变得有些不真实。

许：我有一个疑问，为什么痛苦的记忆时间更长，欢乐的记忆反而很短暂？这是大脑怎么运转造成的？

鲁：这个我没研究过。不过，长期的记忆不在海马体，海马体是在记忆形成以后，把记忆的元素分到大脑皮层。这个要说到利根川进[1]，这个日本人前面得了一个诺贝尔奖，是免疫学的诺贝尔奖，后来他又做神经科学，我觉得他的工作值得再得一次诺贝尔奖。他发明了一个超级聪明的办法，把一只老鼠放在一个环境下，啪，给一个电击，这只老鼠就记住了这个地方是危险的，不能去。然后他把这个被电击的记忆的细胞给标上了。比如说一共标上 A、B、C、D、E，分在大脑皮层，等到了别的地方，再把这个 A、B、C、D、E 的细胞用一种光，啪一下打亮，打亮了以后记忆就被激活了。激活了以后，即使是在别的地方，老鼠也会缩成一团，这就说明危险的记忆被记住了。也就是说，记忆不是集中在哪个地方，它分散在不同的地方，有一个管场景，有一个管声音，有一个管故事内容，到要的时候，这些一下子组合起来，就变成了你的记忆。而且你在记忆的时候，有时候是不完整的，你缺了一点，比如说没声音了，或者内容缺损了一点，没关系，组合起来，你基本上可以回忆起来整个是什么样的。

许：这个实验太有意思了！那如果是这样，当有一天可以更细致地研究，操纵他人是不是变得很容易？

---

[1] 利根川进（1939—），日本生物学家，因其在免疫系统遗传学上的研究成果获得了 1987 年的诺贝尔生理学或医学奖。

鲁：我现在说的只是记忆这一部分，记忆部分已经变得可操纵了，至少对于动物是可以操纵的。其他的事情能不能操纵呢？有的能。

许：那我们现在想象一下十年、二十年之后，脑科学的研究会变成什么样子呢？

鲁：我自己非常希望脑科学变得不那么神秘，是大家关心的、喜欢的、生活的一部分。

许：那你觉得意识啊灵魂啊，有一天可解释吗？

鲁：我原来是觉得意识这个问题完全不可触碰，而且我一看到某人研究意识问题，就觉得要么是心理学家，要么是哲学家，要么就是骗子。现在我不这样认为了，因为我自己的研究开始意外地触碰到这个领域。

我们也做过一个基因操控实验，把老鼠的一个基因敲掉，就发现老鼠的深度睡眠出现了问题，很难进入睡眠状态。另外就是给麻醉剂的时候，要用很高的剂量才能麻倒，它有一点不太容易进入无意识状态。所以这个意识可能也是可以被研究的，它有脑结构和基因的基础。当然最后能不能够真正研究出来，我不知道，但是给了我一点希望。

许：那灵魂呢？

鲁：这就到了信仰跟哲学的边界了，别的科学领域已经开始接触到这些哲学命题，不断地在挑战，什么是生，什么是死，什么是生物，细胞能不能一直分裂下去……但在脑科学里面，暂时没有遇到这样的课题。我越做越觉得科学它是有边界的，有些事它没法解答。

许：抛开神经科学家的身份，就是从个人来讲，意志、灵魂、心灵这些，你怎么看待呢？

鲁：偶尔的时候，你会感受到超越时间、超越空间的力量在那里主宰。为什么会有宇宙大爆炸？为什么会是人？世界从茫茫的化学元素最后慢慢演化出生物，这是非常违背物理学原理的，但就是发生了。那这个发生的事情是一个必然的事情吗？不一定。科学的发生一定是必然的事情吗？不一定。就是在希腊这些地方，这些人弄出来科学这样的东西，我们就能延续到今天。

所以从这个意义上讲，灵魂也好，超级存在也好，也许是人就要创造出这样的东西，来满足自己的需求。

许：也可能就是个假想。

鲁：对。

* * *

许：我们走走呗，你不是要带我去清华走走吗？

鲁：那我们去看看王国维的墓吧，就是有一点距离。

许：没问题。为什么想去看王国维的墓呢？

鲁：陈寅恪写的王国维的碑文，"自由之思想"，我就在想自由这个问题——我说的是学术的自由。为什么思考这个问题呢？就是你在做学术的时候，其实不知道自己是被哪种力量在驱使。很多人哪一个热，或者有新的技术，他就追。这个"追"呢，是可以发表好文章，但始终在被一种评判系统左右。这个评判系统就是说你发论文要发得多，影响因子要高。影响因子在学术界是一个非常大的事情，因此很多科学家就会想各种各样的办法把自己的影响因子给做高。所以不是出于对科学的热爱，不是在寻找答案，不是在自己的好奇心的驱使下去做，而是有某种目的性。当然这样也可以拿到基金，也可以发表论文，也可以活得很不错，但你不会成为影响世界的大家。我觉得很多学术界的人就是被这种荣誉、地位束缚住了。

许：就容易变得保守、胆怯。

鲁：而且荣誉的东西往往是跟利益挂在一起的。我在回国的时候就已经做了一个决定，不走学术政治的路。但如果远离这个，就会失去各种各样的优势，而且你会面临……比如说这个人怎么不是院士？那他的科学可能不行。因为社会只认院士。这个时候我自己要有比较强大的心理，就是我失去，我得不到，又怎样？我就不要。当然这一点也是比较难做到。

许：抵御一次两次还行，老是这样也受不了。

鲁：对，老是这样，你会受不了，就必须要有很强大的自我意识、自尊……包括我自己，很长很长一段时间，其实不是一个自在的人。你想我已经到了这个位置了。我得让人家不要小看我，而且让人家永远不要小看我。后来我会坦然很多，所以也是很感激生活，可能也是人慢慢变老了。我们到了。

许："惟此独立之精神，自由之思想"。

鲁：其实流传最久的就是这碑文，"惟此独立之精神，自由之思想"，他说"共三光而永光"，就是这东西才是永存的。我有时候会一个人跑到这边来想一想，我会有这个困惑，我有没有独立之精神？我有没有学术之自由？更不用说自由之思想。

许：对，独立之精神，自由之思想，它们是真正的力量。所以是不是缺乏一种深刻的人文思想的科学家，也很难成为伟大的科学家？

鲁：我觉得我们现在还没你所定义的那种伟大的科学家，这就是我很担忧的。

我是希望自己能够有非常原创的、非常深远的"思"出来，但是好像没有这个感觉，到现在为止，没有好像我要爆发出来了的感觉，没有。

许：现在成为一个思想家的诱惑，对你是很大的。

鲁：对。因为我所尊敬的人是这样的。

许：真好。你的表达让我有点小小的意外，其实你带我来看王国维，都是相通的。

胡润

镀金时代的观察者

胡润

1970 年生于卢森堡

1990 年毕业于英国杜伦大学中文系

1991 年于中国人民大学进修

1993 年在安达信会计事务所做会计师

1999 年发布《1999 年·胡润百富榜》

2004 年发布《2004 年·胡润慈善榜》

在车上，我们唱了崔健的《 无所有》，以及草蜢的《失恋阵线联盟》。我差点忘记了，我和胡润是同代人，且共同经历了中国 90 年代的巨变。他留学的人民大学曾有个英语角，是一代青年练习口语、寻找伴侣的最佳场所。

在很长的时间里，他是和一份财富排行榜连在一起的。他是一个异国冒险家，来到迅速繁荣的中国，就像上世纪 30 年代上海的美国广告商人卡尔·克劳，他写的《四万万消费者》几乎成为当时外国人了解中国的首要读物，我觉得胡润的榜单，也满足了这个时代的某种猎奇欲。

时移世易，你意识到这份榜单的价值，它折射了时代精神之变。中国人对财富的感受复杂，渴望拥有它，又对它心存怀疑，它是身份的来源，又可能招致危险。

胡润见证了中国的巨变，也准备把榜单复制到印度、中东、非洲，搭建起一个全球化的财富衡量平台。

感染我的还有他的热情，他是一个真正的行动者。我期待再和他去"阿姨啤酒"喝一杯。

胡润
镀金时代的观察者

一个经济体要做得健康，
财富一定要在阳光下发展

胡：欢迎来到我的工作室。

许：刚刚看到你门口的雕塑挺有意思的，还有关云长。

胡：是这样子的，我们每年做一个慈善榜单，当年有一个首善，九十多岁的余彭年 [1]，一天我在办公室突然收到他送的一个大箱子，里面就有这幅画。我也不知道这个东西要怎么办，放到家里不太合适，我给同事看，他们说放公司门口比较好。

许：它在中国同时是财神与战神。

胡：好像是，后来我有听说是这个意思。

许：跟你很搭配。

胡：这里还有故事。我一个朋友跟我说，你知道胡

[1] 余彭年（1922—2015），本名彭立珊。祖籍湖南的余彭年早年在香港创业，曾任香港富得发展有限公司董事长，香港余氏慈善基金会主席。从 20 世纪 80 年代开始在内地从事慈善捐赠。

润这个名字怎么来的？我说随便取的，根据我的姓和名。因为我的姓叫 Hoogewerf，那就来了一个胡，我的名叫 Rupert，胡芦不好听的，查字典，胡润出来了。他说不是这个故事，山西五台山有一个元宝财神，那个人的名字确实叫胡润。这是缘分。

许：真的？

胡：而且是几百年前的事情，所以这个是很巧合的。

许：今年正好是你来中国第 30 年是吗？

胡：对对对，正好是 30 周年。我今天刚开完"百富榜"的发布会，今年"百富榜"上榜企业家所创造的财富是人民币 9 万亿。什么概念呢？如果把这个大厅，用 100 块钱的人民币填满，30 米乘 30 米，大概 1000 平方米，一层应该是 3 米，9 万亿就是 90 米高，大概 30 层。

许：这个数字真的是不可思议！你想 20 年前 5000 万就可以上榜，现在变成 20 亿才可以。

胡：的确，门槛变了。

许：1999 年你开始做榜单的时候，那时候最有钱的中国人都是香港的、台湾的，然后还有海外华人，比如印尼的、马来西亚的，不同的钱，也有不同的性格吧？

胡：没有特别想过这个问题，很多人认为做富豪榜，我们关心的是富豪。其实我们不怎么关心富豪的，我们关心的是故事。比如，今年榜单上的第一名，我就关心他的故事，为什么是他，不是其他人？这是我要去挖掘的。我们不想鼓励富豪变得更富，这不是我的工作，我想鼓励更多人变成企业家。我们要讲故事，先要让更多人兴奋激动起来。

如果我们要写企业家的历史，这帮企业家的总影响力和规模可能不会小于第一批洛克菲勒、卡耐基那些企业家，而且有可能还要大，因为他们目前的年龄也还不是特别大。所以我深度感受到，我在做什么？I'm touching history，就是这么一种感觉。

许： 这种感觉是从第一期就开始的吗？

胡： 几乎是的。这也是我制作的理念。

许： 你说他们都是历史，那你认为你在这个历史中是一个什么样的角色？

胡： 见证者。我是在见证一个世界的历史。我不是特别相信一百年后还有人记得我，我觉得这个不是特别重要的。因为我自己是学历史的，历史上特别伟大的将军、国王，我们都记不住他们的身影，所以不要做梦了，我肯定不会被记得。但是，说不定我们可以帮忙让世界了解中国。

许： 那个时候中国社会的气氛是什么？

胡：最起码没有今天这种财富透明度。比如说有个人我记得，许荣茂。当时我在上海看到有一个广告，世茂滨江，上海很有名的一个楼盘，它的广告联系电话是68888888，我就说谁能买得起这个电话号码应该是可以上榜的。我打电话过去，结果发现找不到他，但是知道是一个福建的老板。后来给他们福建的总部打电话，终于在发榜的前两天找到了他，他好像排到前十名的。

所以反过来看，我感觉自己在中国做了一些贡献，因为现在中国的财富透明度还是蛮高的，我们确实发挥了一点点作用，可以帮助更多人去了解谁的财富是阳光的。对经济的发展来讲，财富透明是很重要的一件事。透明度越高，创业精神越强。如果你去俄罗斯或东南亚国家，你就会注意到这一点，那里的创业精神没有那么强大，我认为其中一个原因是财富透明度较低。一个经济体要做得健康，要发展起来，那财富一定要在阳光下发展。当时的中国，根本没人知道早年的一些企业家是谁。

许：但是这个困扰现在对中国企业家还是有吧，还是会很矛盾吧？

胡：多年来很多人跟我讲，我们中国人不爱露富。但我不认为这是一个中国特色，全球都差不多的。我就问他们，全球买劳斯莱斯汽车最多的是哪儿？全球买高

档手表最多的是哪儿？全球买最多高档红酒、白酒的是哪儿？都是在这儿，藏不住的。

我今天发了榜，有一个人就说我不愿意上榜，你把我名字拿掉。我说没办法，你是上市公司，谁都能估算你的股份，你有这个企业百分之二十几的股份，企业值一百块钱，你身价就是二十几块钱，我就没办法装不知道。你懂我说的意思吗？其实全世界基本上没有太多人愿意把他的财富放在阳光下，但放在阳光下可以帮助他们放大财富，所以他们才愿意上市。公开才能把自己放大。

许：如果说那时候赚钱、变有钱是中国的"时代精神"，你觉得现在新的"时代精神"是什么呢？

胡：我现在觉得新的"时代精神"已经不是财富。原先做企业是要把企业做起来，积累财富，现在是要把企业的价值和意义挖出来。比如，你做房地产开发商，可你房子建得很糟糕，那就没人尊敬你了，你就没有价值。我讲得大一点，就是需要创造一个价值，这个价值不仅仅是给股东，也要考虑到国家、社会、员工，等等，会越来越复杂的。

许：价值和意义越来越重要。

胡：我也在思考，通过我们的榜单调查，怎么弘扬企业家精神。我有一个发现非常好玩的，你看十几年前，中国大教育行业的首富就是俞敏洪。因为很多人想在跨国公司工作，要做世界贸易，觉得没有英文可能就不好发展了，所以大家都要学英文。大概五年前，中国的教育首富已经不是俞敏洪，被学而思的张邦鑫超越了。他做什么？就是帮你小孩进好一点儿的学校，就这么简单。直到大概两年前，张邦鑫也被超越了。

许：被谁超越了？是做什么的呢？

胡：公务员培训，那个人就是中公教育的创始人李永新，也是北大毕业的。通过这些故事你可以了解一个趋势，大家现在都要找工作了，能做公务员那就是最好的。

许：所以这里也能看到时代精神的变化。

胡：绝对是的，因为我们讲的是人，能上榜单的人，肯定是和时代精神有关的。

* * *

许：从 1999 年第一份榜单到现在，这些企业家不同代际之间的变化大吗？比如说喜茶创始人这样的小伙子，二十多岁的年轻人，跟之前的企业家，思维差别大吗？

胡：早年美国人问得最多的一个问题是：中国这些

上榜企业家有什么共同点？我说，第一，诚信；第二，勤奋；第三，务实。最近我又梳理了一遍，然后我发现，第一，创新；第二，资源整合，包括资金，包括你的合伙人；第三，速度，你比不过速度不行。诚信还在，只不过排在后面一点。勤奋，我估计这个不用说了，几乎所有的企业家都很勤奋的。当然还有一个我觉得比较有趣的变化是，这些 80 后的上榜企业家几乎都来自中国最好的名校，清华、北大、复旦、交大，就是这几个学校筛选出来的。有可能现在 80 后遭遇的困境和挑战确实比当时的创业者要大。因为现在市场的竞争对手多，要在这个时候成功，不像以前那么容易，你需要一个更聪明一点儿的脑子。

第二个发现是中国的女企业家很厉害。我们一直研究女企业家，从 2006 年玖龙纸业的张茵当首富就开始研究了，她不仅是中国也是全球白手起家最成功的女企业家。你知道吗？全球 Top100 最成功的白手起家的女企业家，差不多有 70 个来自中国，但是她们基本上是 50 后和 60 后，80 后和 90 后几乎没有。中国白手起家的 80 后女性企业家，比例远远低于张茵那一代。也许也有很多女企业家，但是没有二十年前那帮女企业家强——那一代女企业家实在太厉害了。这可能不只是个人的问题，但是这个点到底在哪儿？What does it mean？所以如何去理解这种现象是我的一个重要工作。

许：那你怎么理解这种现象呢？

胡：我一直问这个问题，这是一个历史偶然还是一个必然？我越来越认为这是一个历史偶然。小康社会来了，所以这些女企业家不像二十年前那帮人那样有创业的动力。我还在思考，还没有形成成熟的想法。

许：你如何看待中国新一代的男企业家呢？比如像张一鸣、黄峥、王兴这一代？

胡：黄峥的速度是不可思议的，你想一想拼多多成立才 5 年创造了 2000 亿人民币，这个速度绝对是世界第一。王兴美团的财富就这一年就涨了三四倍。所以这帮中国的男企业家，确实是世界级的。

许：你觉得财富在这么短时间里大量积累，对社会的冲击会是什么？

胡：我最近一直在思考这个问题。今年我说了一句话，就是五年内中国应该会有十几个万亿级的企业家。这个可能性还是蛮大的。这件事情也不是中国特色，埃隆·马斯克创造的财富也是趋向于万亿级人民币的，现在已经有差不多 1000 亿美金了；而亚马逊的杰夫·贝索斯差不多也到了这个量级。所以五年内，世界可能会有二三十个万亿级的企业家了。我不知道这是好还是坏，但我觉得这绝对是全球人都要面对的一个问题——你怎么看这个问题？你觉得这个问题的解决方案在哪儿？

许：好像没有什么方案，历史上的方案都是会发生社会动荡，然后进行财富的再分配。我觉得这些巨富会造成很多的不满，因为财富不平等会带来过分的不公，必然就会产生很多不满。除非他们找到一种很好的方式分配财富。

胡：对，这绝对是一个难题。我问了一大批企业家，问他们认为有多少钱就能财富自由，综合所有标准看，结论是完全财富自由只需要三个亿。我们"百富榜"的门槛是二十个亿，远远超过了。超过这个门槛的钱，你应该怎么用比较好？这种财富，英文叫"embarrassment of riches"（尴尬的财富），财富再多下去，无非就是多了几个零，这就是个游戏，没什么意思的。

有一个点我觉得今天可以稍微展开来说。疫情之后，我们明显地感觉到专业投资者的力量。所以你看今年的年度人物颁给了高瓴资本的张磊，这是第一次颁年度人物给一个投资者。这个也代表一种新的 Chinese money 的思路。如果最近二十年是中国财富创造的二十年，未来二十年会有两个趋势，一个是专业的投资者会越来越多，另外一个，比投资管理更重要的是财富管理和传承，这肯定是未来要多层面考虑的问题，这是全球都在思考的。

许：是。这也像一次壮举，之前是创造财富的壮举，现在是财富转移和传承的壮举。

胡：你认为这些财富应该不应该传到第二代？还是就算了，不传到下一代？

许：我觉得应该，这里面也有稳定社会的作用。至少继承一部分吧？

胡：多少？

许：不知道。但我觉得其余的部分应该变成社会财富。所以如何成立基金这是下一个重要的工作了。你看那时候洛克菲勒就建各种大学、图书馆，成立各种基金。

胡：我也不是特别专业的，我也在想这个问题。

* * *

许：你还有时间吧？我们走一走，散散步，现在很舒服。

胡：可以，我们去哪里？

许：走去苏州河吧……小的时候，你的家庭里对金钱是什么态度？

胡：我爸爸的爷爷在英国算是一个有钱人，但是富不过三代的，我是第四代，到我这儿没有了，我们要重来一遍。钱不多，但是不缺。

许：你觉得伊顿公学[1]对你的影响很大吗？

胡：我当时并不是特别想去，我没有把它当那么重要的一件事情。

许：对你的性格塑造其实没有那么强的影响，是吧？因为大家都会夸大伊顿的影响。

胡：肯定有它的影响在，因为你这个年龄，不到18岁，不可能没有受影响的。它的一个影响就是，你什么都能做，没什么害怕，Why not？ Try anything。

许：你当时对中国有什么模糊的印象吗？

胡：没有特别想过。我当时对汉字有一些兴趣，因为我比较喜欢诗歌，英文的诗歌是"二维的"，有单词有声音，但是中国的汉字还有故事，"东"（東）字就是一棵树、一个太阳，类似这种"图像"吸引了我。但是当时我可能想得更多的是日本，那时大家想得更多的都是日本，而不是中国。

许：对，当时日本是全球经济中的超级巨星。

胡：没错。我当时在伊顿读书，有人在学校里贴了

---

[1] 伊顿公学（Eton College）由亨利六世于1440年创办于距伦敦20英里的温莎小镇，被公认是英国最好的中学，是英国王室、政界、经济界精英的培训之地。这里曾造就过20位英国首相，培养出诗人雪莱、经济学家凯恩斯、作家乔治·奥威尔等等人物。

一个广告牌，说可以在读大学前休学一年，也就是 gap year，可以去日本读书。我看也不会花什么钱，就申请了。

许：1988 年你去了东京，当时是什么感觉？

胡：那会儿一句日本话都听不懂，就很积极地学日语。在日本，我就了解到很多日文的含义都来自中国，觉得这有点儿像拉丁文对英文的影响，可能中国对日本的影响也差不多。所以就是在那个时候，我开始把注意力和兴趣转到中国了。

许：那后来有什么契机让你离开日本，要来北京呢？

胡：这个说来也简单。到了日本后，我所接触的朋友都是学者之类的人物，还有一些是小企业家，他们学过中国文化，但是对新中国的理解是零。我就觉得一个国家这样子好像有点太封闭了，觉得可以做点什么。当时恰好学校推荐学生去台湾或者北京，可能三分之一去了台湾，三分之二去了北京，我去了北京，就是到人民大学。

许：下次我们北京见，到时候回人大逛逛。

胡：好，我还蛮想去的。

许：你看这个，误打误撞，是荣家的面粉厂吗？

胡：你找到了，厉害。

许：一百年前的产业。他们其实是中国商业的奠基人。

胡：我靠他们做很多的演讲，说他们是唯一一个在中国没有断掉的百年家族。他们是怎么做到的？如果你理解了荣家的故事，你就能理解近代中国早期的历史。

这能进去吗？关门了。谢谢你帮我介绍这个地方，我应该来的。

许：到苏州河了，很透明。在中国水代表钱，水是财。

胡：是，这个水比以前清很多了。

榜单是一个记录历史的方法

许：到了，我们能进去吗？现在管理非常严。

胡：我们在附近走一走。前年我在北京跟我家人过了一个五天的假期，我带我太太和孩子们到人大，但是里面能认得出的楼，很少很少，好像我们的留学生楼是没有变的。

许：当时你来到中国，对人大、对北京最初是什么印象？

胡：那个时候大概是 1990 年，就觉得骑自行车到天安门比较远，飞鸽自行车。然后遇到沙尘暴，衣服全脏了。那会儿我们经常跟北大的一些朋友到酒吧聚一聚。人大这边的酒吧不是特别好，我们都去北大那边的酒吧。

许：那时候你们听什么歌？

胡：听崔健，那时候崔健刚刚出了第一个磁带，有时候他在酒吧里唱，我们就去找他玩。

许：你喜欢他的哪一首？

胡：我最喜欢《一无所有》。

许：特别适合中国的第一代创业者听。（笑）那时候还有什么好玩的事情？

胡：我还有一个印象是，当时我们的留学生楼是海淀区最高的一个楼——现在应该是最矮的楼了。我特别喜欢去楼顶，拿个凳子上去，晚上就跟同学在那儿聊天，抽个很便宜的雪茄，喝很便宜的酒。

许：你们聊什么呢？

胡：当时是 1991 年左右吧，第一次伊拉克战争的时候，我记得我们就聊 where we go toward？作为英国人，为什么要这样子做？然后我们都比较好奇中国这么大的一个国家会发生什么变化。

许：你在人大待了多久？

胡：就一年。那一年里我去做过兼职，在宣武公园里有一个办公室，是中国第一个 PR（公关）公司。那个时候中国还没有公共关系的概念，公关是很负面的，基本上是那些卡拉 OK 里面的小姐在做公关。然后我也没有收到一分钱，但是比较开心，因为确实可以有更多的交流。对，我还当过友谊宾馆的第一个广告模特。

许：是吗！这好有意思，那等下去友谊宾馆吧，你想去吗？

胡：好啊！我应该还能找出来当时的照片。他们有一次请我和我的一个同学到那儿吃饭，给人感觉就很高大上。最后他们拍了很多照片。

许：那时候作为一个外国学生会有那种优越感吗？

胡：的确感觉经济条件差距太大了。虽然我们根本不算有钱人，但是相对北大、人大的同学来说，算一万富豪。我记得北大的一个朋友，他一年也就那么几十块钱可以花，每一次都是我请他吃鱼香肉丝、宫保鸡丁，差距还是挺大的。

许：现在中国留学生，很多在国外买了房子去读书。

胡：现在应该是完全倒过来了。

许：对，完全改变了。我记得好像之前说过当时在人大，同学们都不愿意谈论金钱，也觉得钱跟自己没有那么多的关系，自己的人生就是很固定地上班。是这样吗？

胡：我记得有一次跟一个中国同学在海淀那边看到一辆高档车，我说，以后你也应该开一个，我是跟他开玩笑的。然后他很严肃地回头跟我说，no，我不会的。我说为什么，他说因为那些都是绿的、蓝的、白的，好像是说，绿的是跟军队有关的，蓝的是跟海关有关的，白的是和公安有关的吧，作为一个老百姓，我不可能开这么一个车的，而且我工作也都是分配的，所以是不可能的。但现在你再去问大学生，很多人都有创业梦想，都觉得自己说不定可以成为下一个喜茶的聂云宸，他29岁已经身价45亿了。但在90年代，你不会有这种希望，你的梦想没办法放大，我大多数朋友的工作都是分配的。

许：或者说这个希望跟金钱的关系不大，因为没法想象。

胡：是的是的，而且那个时候还没有人真正去发展民营经济，可能温州有一拨人，福建有一些人也愿意挣钱，但是确实很少很少的，基本上没什么人在做的。但从1992年"南方谈话"开始，就真的开始改变了，气氛完全不一样。我听到新疆的创业者讲，他们会坐火车到深圳去买电子产品，然后带回新疆，在那边卖高价。反正第一桶金慢慢从这里就来了。当时基本上就是两个摇篮，一个是海南海口，一点点三亚——80年代末，90年代初，几乎所有第一批企业家都跟海南相关，然后就是深圳。

许：海南、深圳就像我们中国的"西部"，大家都是去淘金的。

胡：那确实也是种淘金热，挺有意思的。我觉得这些故事挺值得被记录的。

许：你后来去安达信工作有什么感觉？什么时候开始感到中国经济要腾飞了？

胡：我先是在英国的安达信工作，后来到了上海的安达信，后者的氛围完全不一样，那些人的总体水平比英国那边要高，那帮人超级优秀。今天阿里巴巴的董事长张勇也是当时安达信的。然后慢慢通过安达信那些朋友，我就开始认识到中国的变化。1999年我在安达信参加了一个培训，那个老师讲了一大堆我都没怎么听，但是我边听边想，我应该怎么记录中国这种变化？从1990年到1999年，中国的变化是很大的。榜单是一个记录历史的方法。

还有一个启发我的事儿。我当时有一个中文老师，是一个政法大学的女孩子。每次上课前，她会找一些主题，我们会一起聊天，关于中国娱乐或者中国美食什么的。有一次我就说，我想听听中国企业家的事儿，她下个星期来给我上课的时候，竟然一个企业家都没找到。我说怎么可能呢，中国的比尔·盖茨是谁呢？结果她都不知道。我就把这个事儿跟我在安达信的朋友们去确认，那帮人今天看来还是蛮优秀的，但他们也都说不出来中国企业家的名字，我就感觉我有个事情可以做了。

＊　＊　＊

　　许：做这个榜单，你觉得自己最不舒服的经验是什么？

　　胡：也不多，但是偶尔受到威胁。

　　许：怎么威胁？

　　胡：到我家门口，敲敲门，说，我们知道你住在这儿，不要把我们老板放上去。我当年还是写上去了，因为他是公开信息的，你没办法说 no。

　　许：那个老板现在还正常吗？

　　胡：被抓了，不是因为我。（笑）

　　许：那时候你太太支持你吗？遭到威胁的时候。

　　胡：我太太做医生，她不关注这个研究工作，零兴趣的。我跟我太太第一次认识的时候，我就说我不是那种愿意三年在这儿三年在那儿的人，无论去哪儿，我都愿意做得深入一点。但是我也没想到我会跟我太太在中国待了二十多年。这是我的心里话，我当时从来没有把在中国做点儿什么当成一个义务，当成必须做的事情，就是一个兴趣。而且，我也没想到她能耐心地和我待二十多年，因为她的中文不是特别好。

　　许：那真好。你会有时候觉得疲乏吗？不停地做榜单、做榜单。

胡：从榜单本身来看，通常还是很让人兴奋的。原创一个榜单，还是挺好玩，但是这个榜单要改变谁，我们要定义好。对了，我一直想做作家榜单。

许：这很难啊。

胡：我先给艺术家做的排名。

许：因为艺术家会商业化。

胡：你们作家也被商业化了，我做了一个很酷的榜单，你知道是什么吗？中国原创文学 IP 价值榜。我做这个榜单的依据是什么呢？就是看你的原创文学创造了多少收入，网络上的收入，电影院的收入，游乐园的收入，这是非常有趣的。我们要寻找中国的《哈利·波特》，中国的《指环王》，中国的《007》。

许：这部分也会是个全新的故事，有点像 20 世纪二三十年代，好莱坞电影刚刚开始兴起的时候。当时，美国的娱乐文化开始迅速膨胀，中国现在有点儿像是处在当时美国娱乐业的那个发展阶段。

胡：原创文学这一块真的非常有趣，而且我也见过一些做这些事的人，让我想不到的是，他们有一个共同点，都非常年轻。

许：他们其实不是传统意义上的作家。

胡：但他们有很多粉丝，这就是所谓的 IP。我还给医生做过榜，第一次我失败了，第二次我失败了，但我第二次就成功了。

　　创造一个榜单的过程超级有意思。但是涉及商务方面的事情，的确，有时候会很无聊，就像你问的，那真的会让人疲乏。去年是我的企业成立的第二十年，怎么说呢，每过五年，我就有一点自我怀疑。自己心里想着，要不要关掉，或者要不要卖掉算了，干脆就不做了，基本上每五年就会怀疑一次。

　　许：那这种自我怀疑你怎么去消解呢？

　　胡：我印象比较深刻的是，公司开到第十五年的时候，有一次我问一个朋友，能给我点儿什么建议吗。他说，要是到他那个年龄——当时他可能七十岁不到——回头看你的一辈子，如果你某一年不做跟往年一样的事，你会特别自豪，你会记得那一年，那你就可以停下来。但如果你只发现自己多挣了一千万，那就没有太大意义。按照他这个方法，我想了想，觉得自己还是没有完全做到位，就还是继续尽力而为吧。

　　去年我做了一件事，比较自豪，我做了一个全球最大的春晚系列，什么意思呢？大概两年前，也就是疫情期间，我陆续去了十几个城市，巴黎、伦敦、悉尼、洛杉矶、纽约、多伦多、温哥华，这些中国人比较多的城市，包括世界上比较 hot 的城市，比如迪拜，我在建一个圈子。然后去年年底，每个地方我做了一场两百到五百个人的活动，在英国做英中杰出贡献奖，美国做美中杰出贡献奖……一个月的时间，去了十个城市做了十场活动，很累，但是很好玩，因为我发现中国现在这一帮企业家越来越国际化了。所以我的意思是什么，我们可以帮助中国这些年轻创业者和全世界互动，我们可以帮助中国这些年轻的企业国际化，同样我可以帮助英国那些企业开发中国市场。

许： 非常好非常好。

胡： 谢谢，我不一定能实现的。

许： 会实现的。而且我觉得现在这更有价值了，因为全世界的国家主义重新兴起，这种彼此的交流变得比以前更重要了。

胡： 这倒是的。现在我的全球 vision 也越来越多了。我还有一个梦想，我在中国做的事情，现在复制到全球很多国家了，我最近还在考虑我的这个梦想能不能做下去，比如我们做的一些 IP 榜，我们的独角兽榜 [1]，我们的 500 强榜，我们的富豪榜系列，复制到印度好不好？它也是发展中国家，但是相对封闭，可它变化又是那么快、那么大。然后再复制到印尼，然后到非洲，比如尼

---

[1] 独角兽榜是指记录全球范围内估值超过 10 亿美元的未上市公司的榜单。这些公司通常被称为独角兽，它们被认为是新兴市场中最具潜力的初创公司。

日利亚。我想在这些国家里继续鼓励企业精神、创业精神。我是改变不了世界的，但是我可以用我的创意去鼓励更多年轻人创业。当然我也不是什么国家都会去做，我会更看好人口增长比较快的，像巴基斯坦啊，孟加拉国啊，这些我都想做。

许：之前你观察的是中国故事，现在想去看印度的故事，看印尼的故事，你觉得这些故事之间的差别大吗？

胡：啊，这也是很令人惊奇的事情了。我在印度见了一个 80 后的富人，凌晨 4 点的时候，我说要回酒店，可他带我去印度当地的酒吧，接着去了第二个酒吧、第三个酒吧……这太酷了，虽然第二天我有点儿头痛，但我感受到了印度那种很有趣的企业家精神。而且，他们对中国特别好奇，尤其想见一见年轻一些的中国企业家。不是字节跳动的张一鸣和拼多多的黄峥，而是比他们更年轻的、可能生意规模小一点的企业家，他们很好奇这类人是怎样的。我下一步就想在这方面做点儿什么。如果能搭建起"胡润"这样一个平台的话，就蛮好的。

许：在其他地方复制这个事业，现在的困难主要是在哪儿？

胡：最大的困难就是要找到可信任的人，这涉及价值观的判断，这是最重要的。第二个就是管理。五年以后你可以再问我，那个时候就比较理性化了，看看是不是可以实现这一个梦想。

许：那非常了不起啊，《福布斯》不就是随着美国的崛起来到全世界的。

胡：差不多的。我们就是要随着中国的崛起做起来，我希望我们是未来。

罗翔

法学最重要的价值，
不是平等，不是自由，而是秩序

罗翔

1977 年生于湖南耒阳

1995 年本科就读于中国青年政治学院

1999 年硕士就读于中国政法大学

2002 年博士就读于北京大学法学院，念书期间进入"法考"培训行业，并陆续授课十年

2005 年进入中国政法大学执教

2017 年入职"厚大法考"

2018 年讲课视频被用户上传到"哔哩哔哩"网站，引发观看热潮

2020 年应邀入驻"哔哩哔哩"，两天内粉丝量破百万，半年粉丝量破千万

著有《圆圈正义》《刑法学讲义》《法治的细节》等

穿过天桥时，罗翔突然说，很多年前，他就读过《那些忧伤的年轻人》，我的第一本书。之前，我们刚一起逛过万圣书园，那里记下了我们的青春岁月。吸引我们的不是富有与流行，而是思想的创建。我们渴望深刻、被历史铭记，尽管并不清楚该怎么做。

从上海的法律考试培训中心到北京蓝旗营，我们的谈话时断时续，却从未真正热烈起来。只有一次，他说起家乡对昨日、今日、明日的不同称谓意味着某种人生态度时，我感到一种鲜活。此外，他有点拘谨，似乎生怕说错什么。他正声誉鹊起，也蒙受着不停的攻击。谁都知道，他的坚定、妙趣横生的法学知识，意味着某种底线与希望。他也对突然到来的关注，不无困惑，并保持着谨慎。

我们在诸多价值观上保持一致。只是在他批评罗素的多情时，我感到一丝不安。他称之为道德缺陷，我却觉得，那并不难理解与共情。

罗翔

法学最重要的价值，不是平等，不是自由，而是秩序

我不是乐观主义，
我是现实主义

许：今天有多少人上课？

罗：至少得有三百人，还不算多，这是疫情期间。

许：最多的时候多少人？

罗：有一千多人吧。

许：给一千多人上课是什么感觉？

罗：你见过公审大会吗？（笑）

许：你在上面被公审是吧。（笑）我第一次来这种大学城，还挺感慨的，像一个工厂，突然临时组建的世界。

罗：我们培训一般都选在各大城市的郊区，学生聚居的地方。

许：给他们上课跟在政法大学上课还是很不一样的吧？

罗：那肯定不一样，这边上课主要还是以应试为导向，问的问题大部分都和考试有关的。

许：讲了这么多年，对这种培训会产生厌倦吗？

罗：有些厌倦，但是你觉得自己确实帮到了别人，就会好一些，尤其看到七十多岁的老头儿能过，这个不容易。我每年都有很多学生，头发都白了，还有一些孕妇。

许：你是什么时候发现自己还挺有讲课天赋的？

罗：其实我小时候说话结巴，特别害怕在人前说话。整个大学我都没有做过任何公开演讲，而且我是湖南人嘛，来自小县城，普通话说不好，那个时候我们班有很多北京的同学老是逗我，一逗我就结巴。

许："牛奶牛来"，分不清楚。（笑）

罗：对，总是"牛来牛来"。（笑）所以我还是有点小自卑的，就不怎么爱在人面前说话。

许：那为什么当初要选择做老师呢？你要怎么应对不断跟学生说话这件事？

罗：我也不知道，很多时候可能也是路径依赖，或者说自我的一种假象，你以为你在选择，但其实是被选择。当时就是觉得能做老师挺好，结果又碰巧做成了。我最早是在研究生期间开始讲自考，因为你得赚钱养活自己啊。所有的法学门类我几乎都讲过，我还讲过市场营销学。当时上课，我得把我要讲的全都写出来，就是逐字稿，上课按着稿子念，我就不那么紧张了。后来他们都说，你现在为什么不结巴了呢？因为你开始说普通话了，说湖南话你还是会结巴。

许：谁会湖南话，来跟罗老师对几句？

罗：那对不了，我们湖南话是十里不同音的。我的家乡话里头夹有很多古语，比如"今天"的发音是"艰日"，艰难的日子；"昨天"，"差日"，差强人意的日子；"明天"的发音是"良日"，良好的日子。

许：你们家乡这么进步主义啊，一切光明向前。

罗：今天是艰难的，把希望寄托在明天。

许：所以你的乐观主义是有道理的。

罗：我也不是乐观主义，我是现实主义。

许：小时候有哪些记忆比较鲜明呢？

罗：我是 1977 年生人嘛，而且还是独生子女，那个年代独生子女是很罕见的。

许：我也是，我俩同龄人。

罗：所以小时候还是比较孤独的，其他人都有哥哥姐姐。

许：上中学之后，那种哥们义气多吗？

罗：多啊。我们小时候混混也比较多，我经常被打，所以我为什么特别能够理解很多正当防卫事件，因为小时候真的有这种经历。

许：小时候我们还到门口劫钱，劫两块钱就走。

罗：你那是大城市嘛，比较文明。像我，真的是小县城出来的。你看过贾樟柯的《小武》吗？

许：就是那种感觉，是吧？

罗：真的是那种感觉，贾樟柯确实拍出了我心里想表达而无法表达的。有时候我在想，人生的成就真的很难说。我小时候的很多玩伴，在顶层的很多，也有坐牢的、吸毒的，还有得尘肺病死掉的，才四十多岁。

许：我们这一代的成长期正好是社会转折很大的时候。你小时候最要好的朋友现在在干吗？

罗：都不联系了。他们觉得我混得好了，不想麻烦我。也可以跟他们联系，但也找不到那种感觉，不知道应该用什么样的方式。

许：对对，分寸很难。你是 1995 年来北京的吗？

罗：对。

许：25 年了。对北京最初是什么印象？

罗：没有好感。

许：怎么了？

罗：北京就是宏大叙事，让个体觉得渺小，去哪儿都觉得自己好渺小。

许：特有压迫感是吧？那时候对自己人生的期待是什么样？

罗：其实没什么期待，每天都在混日子，因为身边人全在混日子。随波逐流，不知道如何去选择，你觉得多数人的选择一定是正确的，就去做多数人所选的事情。

许：比方什么，考研？

罗：对，考研，然后实习、找工作。当时学校规定大二必须要实习，现在实习都是学校给安排，我们那时候找实习单位，是在长安街骑着自行车一家一家去找。还真有趣，那个时候这么找居然能找到。

许：当时你找的是哪儿的实习？

罗：我到中央人民广播电台党委实习，打杂。

许：你知道我大二去干什么实习吗？

罗：干啥？

许：去做了推销员，在国贸那儿卖清洗电脑的清洁剂。

罗：那我也干过。

许：你也干过？

罗：我也干过，说不定我们还碰到过呢。那个时候一天 50 块钱吧。

许：对，我有一天挣到 180 块钱。不知道为什么，卖了好几罐。

罗：我那时候还做过调查员，调查北京的汽车的用油问题，大夏天的。有些人开着特别好的车，你找他们调查，他们还挺客气，说小伙子来坐坐，外面挺热的，车里面有空调。很感动。

许：那时候人好像对大学生还有一种本能的好感。那时候最早对你产生影响的法律书是什么？

罗：很浅的书，像林达的《近距离看美国》系列。

许："黑马文丛"吧？也是一代人的启蒙读物了。

罗：对。然后在那套书的启发下才开始看哈耶克。这个月我还在重读《通往奴役之路》，看了一下买书的日期是 1999 年。

许：就是浅黄绿封面那套书嘛。

罗：对。

许：重看哈耶克什么感觉？

罗：其实那本书我常看，因为我给研一的学生推荐的第一本书，一般来说，都是这本。他有一系列的书，《法律、立法与自由》《致命的自负》，都在重申一个东西——人类的理性是有限的。哈耶克很警惕人类的乐观主义，就是你不可能计划出一切东西，你只能去尊重这种自发的秩序。

许：他是在一个最黑暗的时代写出来的呀。

罗：是啊。当然后来我对他的很多观点并不赞成，但我们那个时候，90 年代末期，哈耶克真的是流行一时，还有卡尔·波普尔的《历史主义贫困论》，这些书构成了我们最初的阅读计划。直到现在我读的大部分书，都还是那时候买的。

许：我们在 90 年代看的那些书，当时大家都以为它们代表着未来的方向，然后突然发现，啊，原来我们相信的东西这么边缘。

罗：我想我们成长年代阅读的书籍，至少 30%、40% 应该是一样的。

许：我们都是万圣书园训练出来的。

罗：我是从万圣最初开在小巷里的时候就去那儿买书。

许：我也是那时候去的，那时候我攒了六百块钱，买了一套《世界文明史》。

罗：我攒了五百多块钱，买了一套《鲁迅全集》。

许：那时候我们还读"汉译大众精品文库"。

罗：对，一看，你最崇拜的那些人，什么卢梭、托尔斯泰怎么是这种人。

许：那我们相反，我觉得我特别理解他们，对他们没有批判，觉得他们就应该这样吧。

罗：以前我也这么觉得，但是后来……奥古斯丁的《忏悔录》我看了，托尔斯泰的《忏悔录》我看了，卢梭的《忏悔录》我也看过。我觉得真的打动我的，还是奥古斯丁的《忏悔录》。

许：为什么？

罗：写作对象不一样吧。卢梭的《忏悔录》是写给别人的，他其实不叫忏悔，他叫辩解。托尔斯泰的忏悔是写给自己的，说我是一个很好的人。某种意义上，奥古斯丁可能跟苏格拉底更接近。

许：我没有读过奥古斯丁，我很早就买过他的书，从来没看过。

罗：奥古斯丁写《忏悔录》的时候，可不是青年时候，他也不是中年时候写的，是他到老年，七十多岁的时候写的，他能够写一本这样的书，对自己没有任何的辩解。

许：你觉得你到七十岁的时候能写吗？

罗：我不敢写，有很多东西你不想让别人知道，包括今天见你还是很亲切，没有想象中的戴着一副面具，但是肯定还是有些保留嘛。

许：那咱们就北京见吧，回北京好好聊。到时候我们去逛逛书店呗，给我挑一套普法的书。

罗：这类书太多了。

许：你找几本好读的，我能读懂的。中国法学传统的东西你读得多吗？有特别好的著作推荐吗？

罗翔

法学最重要的价值，不是平等，不是自由，而是秩序

罗：可能最伟大的就是沈家本[1]，《历代刑法考》。我写过一本《刑罚的历史》，其实就是把沈老先生的古语用现代文表达出来。他很了不起，具有开拓性的眼光，率先说泰西之法跟韩非之法是风马牛不相及，一个是限制国家权力，一个是扩张国家权力，是两种不同的思维。在那个时候他能够看出这个差别，真的非常非常不容易。

许：那个时候还没出国就能看出来，真的很厉害。

罗：他很多思想，是1997年前后才被慢慢发觉。

许：过了差不多一个世纪，太不容易了……你住在学校旁边是吧？

罗：没有，一两公里，我走过去，如果不下雨的话。

许：挺好的，散散步。那你早点回去休息吧，等回北京我们好好聊。

[1] 沈家本（1840—1913），浙江吴兴（现为湖州吴兴区）人，主持制定了《大清民律》《大清商律草案》《刑事诉讼律草案》《民事诉讼律草案》等一系列法典，重视研究法理学，建议废止凌迟、枭首、戮尸、刺字等酷刑，提出一系列法律改革主张，是中国法制现代化的先驱。

我们画不出那个完美的圆，
但它是存在的

许：你来过这一片吗？这地方特别有意思，明朝末年那个有名的谏官杨继盛，弹劾严嵩的那个，就曾在这个宅子里住过。原来叫松筠庵，后来变成一个会馆，"公车上书"就是从这儿开始发动的。我也是上次见完你回去查了才知道，沈家本原来就住在附近。

罗：你还别说，这个一般人还真不知道。

许：我们从这儿溜达过去。你们上学一开始就要学他的书吧？

罗：也没有，我就是看了他写的《历代刑法考》，觉得写得真好。他24岁就在刑部待着了，对中西刑法都比较熟，率先提出要废除酷刑——刺字、枭首、凌迟。

许：前面几个路口就是菜市口，搞凌迟的地方。

罗：菜市口那个时候挂过一个人头，是个叫汪景祺的人，年羹尧的手下。头砍了之后还被挂起来，挂了15年。

许：15年。你说这些古代的统治者怎么看待这种残忍和他们的统治之间的关系呢？

罗：中国古代的酷刑确实很多，其实还是受法家的影响，就是韩非子那套——杀鸡给猴看。法家的重刑主义，天然没有把人作为人来尊重这一说，它认为人就是工具，人跟人就是不平等的。但有时你会发现它也有合理性。如果我对一种罪行搞一个极猛的刑罚，那就没有人敢犯罪了，那这个刑罚也是不会运用的，这就达到一种平衡。

许：它的后遗症是什么？

罗：这个弦是会崩断的，如果崩断了，整个体系也就崩断了。比如说，我就偷了五个苹果，结果被判死刑，那老子为何不再杀五十个人，反正也就一死嘛。中国古代的解决方法是，死我也要让你不得好死，偷五个苹果把你头剁了，杀一个人就给你腰斩了。它通过这种刑罚执行的极度残酷性来实现所谓的罪刑均衡。而这也是沈家本的伟大之处，他反对这种模式，要求学习先进的刑法制度，废除酷刑。他要除掉法律中法家的影响，这个是很难的。

我们刑法学界经常讨论，中国古代有没有罪行法定，有些学者就认为，古代也有。因为很多典籍，像两晋的法律、唐朝的法律，都说诸事皆断于法，从文本上来说，好像是有的。但是文本上有，不代表实质上有。因为罪刑法定的根基就是对刑罚权本身的约束、对国家权的约束，这在中国古代是非常困难的。

许：这可以说是我们中国近代法律体系转型中最大的一个困难。

罗：所以这也是为什么罪刑法定思想直到 1997 年才真正落在我们的现行刑法中。因为大部分老百姓并没有彻底接受刑法的观念，总是认为惩罚犯罪是最重要的，一看到刑法，本能想到的就是定个啥罪，但他没有想到，惩罚犯罪的权力，本身是要受到约束的。

许：你觉得还要多久才能发生真正的改变？

罗：要慢慢来。毕竟它是一种观念，其实真正能够影响人类的也就是观念。我们老说"所谓大学者，非谓有大楼之谓也，有大师之谓也"，但其实也不在于大师，而在于伟大的观念。

你看这，"杨乃武与小白菜"[1]。

---

[1] "杨乃武与小白菜案"，发生于 1873 年，举人杨乃武被诬告与葛毕氏（小白菜）通奸杀害其夫，被判死刑。后经浙江士绅联名上书，交刑部反复查勘，于 1877 年洗雪冤情。沈家本的《钦差查办事件》记载了这一过程。

许：这就是著名的杨乃武啊，小时候这部电视剧特别火。

罗：那个时候这叫京控，到北京来告状。启动这个程序很难。你必须证明你确实很冤，那要证明你确实很冤，要经历层层筛查。这个案件最后查办了很多人。

许：等于也是慈禧整治地方官僚系统的一个方式。你看这个。

罗："朝廷屡下明诏，力图变法，锐意振兴。数年以来，规模虽具，而实效未彰"，沈家本翻译了那么多国家的刑法，也是那个时候不学不行了，必须要学了。

许：在近代转型中，其他领域，比如说经济学、政治学，公共讨论更多，观念本身更清晰，但在法学这块，好像始终是非常模糊的。反正对我来说，这块是我受的教育中最大的一个盲区了。这个原因是什么呢？

罗：我觉得还是法学本身过分专业化，让很多人真的是不太懂，甚至我们经常会在很多影视剧中看到一些低级错误，权利和权力不分，检查和检察不分……我觉得真正的普法，不仅仅是普及法律知识，还是普及法律背后最核心的理念。

许：你认为法学最核心的价值是什么？

罗：人类最古老的三个职业，神学、医学、法学。法学就是解决社会矛盾。其实法学最重要的价值不是自由，不是平等，而是秩序。只是你会发现，法律人的悲哀就在于始终怀疑，你对维护秩序的力量会产生怀疑。但是这种怀疑本身就会容易导致虚无。

许：说到核心观念问题，如果说沈家本那个时代面临的是中国要从礼教社会进入现代法治社会这么一个大转变，那我们现在面临的核心问题是什么？

罗：作为学法之人，我们肯定对自己的专业有很大的期待，那就是用法律来治理、用法律来约束权力：对于公权，只要是法律没有授权的就是被禁止的；对于私权，只要法律没有禁止的，就是被允许的。问题在于，这些最普遍的法治观念，能不能在人的内心中形成一种宗教性的确信，以至于当你自己拥有权力的时候，你依然愿意接受法治的约束。

许：公权和私权的理念是在什么年代开始形成和成熟的？

罗：它最早的萌芽，我们一般认为是 1215 年英国《大宪章》。《大宪章》虽然是权力斗争的副产品，但其中确实出现了王权有限、法律至上这样一种思维。这种思维漫长的历史演进过程，我觉得可以用哈耶克的"自生自发秩序"来形容，就是它会有一种竞争化的优势，所以慢慢就传播到整个世界。至少现在绝大多数国家都在文本上认同法治的治理方式。因为人类的治理方式说

第一单元
青少年时期
Part I
第一部分
沈家本生平
1863年
1861年
1891年
1886年
1899年
1904年
1913年

本生平大事记
1906年
1909年
1912年

白了也没多少种，无非就是人治，无非就是法治。

柏拉图最早也是主张人治的，只是在三次前往叙拉古的惨痛经验之后，才退而求其次地选择了法治。我们所处的社会是冲突不断的，而法律就是解决冲突的。但是在解决这种冲突的时候，法律又可能会制造一种新的冲突。所以法律永远就是在有问题的社会中寻找一种平衡，这种平衡不可能是最完美的，但是我们必须要接受我们每个人是有限的。尤其当你拥有把握的时候，你愿不愿意承认自己是有限的，这个是很难的。

* * *

许：我们这代人法律意识的普遍觉醒，跟个人权利的觉醒有很大的关系，你自己的这个过程是怎么发生的呢？

罗：可能还是一种被教导。法律最重要的两个概念，一个是权利，一个是义务。在很长一段时间，我们觉得作为法律人要不断去主张权利，因为权利不会天赐，权利是靠斗争得到的，这是我们一直以来的教导，身边有很多榜样在争取权利，后来慢慢你就会自我纠偏。

自我纠偏什么呢？有的时候你会反思，是先有权利还是先有义务。有人经常说这是先有鸡和先有蛋的问题，但后来我发现不是，还是要先有义务才能有权利，如果没有人愿意去承担一定的义务，权利永远不会产生。于是问题就出现了：谁愿意去承担义务，为什么他愿意去承担义务，这个前提从何而来？慢慢地你就会去思考权利来源问题。

也还是在对立观点中思考——我很尊重那些去追寻权利的人，但是我又很警惕那种凡事追求自我权利的人。有的时候我自己争取自己的权利时，我在想，我愿不愿意率先迈开一步，去承担仅仅是一种道德上的行为，而不是法律上的行为。

许：什么时候清晰意识到道德和法律这种密切的关系？

罗：也是不断反思和修正的过程。最初我们意识到道德主义会侵蚀法律，比如中国过去很多时候是靠道德在治理，我们希望把人都塑造成圣人，这样一种道德治理方式反而会导致很多人的无道德。沈家本一个重要的思考就是把道德跟法律区分开了，不能够因为道德普遍对某个人进行谴责，我们就认为他构成犯罪。所以法律人以前很大程度都是这样一种思路——道德和法律要严格区分开来。但是当我们把法律和道德严格区分开，我们会发现法律又失去了它的源泉，变得机械和教条。法律生气的来源依然是道德生活的丰富多样性。

许：但是泛道德倾向好像始终非常强烈，现在感觉再度变得强烈起来。

罗：怎么说呢，在某种意义上，我现在越来越拥抱法律和道德是一元的，而不是截然分开的。但是我个人更拥抱的是消极道德主义，而不是积极道德主义。什么意思呢？所谓积极道德主义就是以道德作为惩罚正当化的一种依据，只要一种行为违背了道德，那我们就要千方百计对他进行惩罚，这是传统中国社会的一个特点。这也是为什么法律人要不断地区分法律和道德，因为道德具有模糊性，法律具有确定性。

而消极道德主义就是把道德作为一种处罪的依据，作为一种正当化的依据。我越来越认同，一种行为如果在道德上是被谴责的，那它不一定是犯罪，但如果一种行为在道德生活中是被鼓励的，那它就不应该受到惩罚。从这个角度而言，我认同用道德来弱化法律惩罚的做法，把法律和道德重新黏合在一起。——如果法律和道德截然分开，它一定会走向技术主义，那法律的异化就是不可避免的，因为民众对它是没法监督的，民众一旦监督的话，法律人会说我们这是专业问题，你懂什么。

许：你从上学时候就意识到这一点吗？

罗：没有，我上学的时候以技术主义为荣，能够推导出跟老百姓不一样的观点，我感到很开心，觉得自己没有白学，对吧？但后来发现，技术主义逻辑上论证是没有问题的，但和老百姓的基本内心常识相抵触。就好比说，前几天我亲戚要来北京看病，挂不着号，让我找人给他挂号。我哪找得到人呢，左想右想，找了一号贩子，终于给挂上了。但是现在悬而未决，我不知道号贩子有没有骗我，明天才能取号。但是亲戚已经从湖南来了北京。你说明天如果没挂上，我被号贩子骗了，要不要告号贩子？我也很纠结。我真的挂不着啊，每天我都在那个点抢啊，抢了好几天了我抢不着啊。那你说你是找关系正义，还是找号贩子正义呢？我不知道。

许：我也不知道。忽然想起一部很老的电影，《被告山杠爷》，你有印象吗？

罗：我不记得了。

许：这个故事是发生在礼教社会向法律社会转变中的这么一个乡村，有个山杠爷是村里的权威，村里有很多他认为不道德的行为，比如酗酒、不孝顺父母，他就会施加惩罚，关禁闭什么的。这些惩罚其实村民也都认可，但对于路过的法官来讲，山杠爷是违法了，所以最后把山杠爷这个村民的道德领袖抓走了。当时我看了肯定觉得现代司法是有道理的，不能用道德来要求这一切，但现在又觉得似乎不能用那么粗暴的二分法，你怎么看呢？

罗：我的看法是，首先村长这么做肯定是违反法律的，他没有权力来强行推行自己的道德规则，因为道德是自律的，而不是他律。仅仅因为一个人不孝顺父母，仅仅因为一个人生活不检点，你就关他的禁闭，那肯定是构成非法拘禁罪的，这是没有问题的。但是在量刑的时候，我们可能要考虑他有没有道德正当化的依据。一旦谈到道德正当化的依据，很多人就会说，道德是很模糊的，究竟是谁的道德，对吧？但我想就是在那么模糊的过程中，其实人类是会有元规则的，比如禁止杀人、禁止偷窃，元规则可能会产生一些派生性的规则，当派生性的规则跟元规则发生严重抵触的时候，这种派生性规则肯定就是不能够被允许的。那回到刚才那个话题，你凭什么自己设立私刑，这本身难道是道德规则所鼓励的吗？我想不是的。所以他肯定是构成犯罪的，只是量刑可以从宽。我们的确要宣布国家法律的权威性，但是在量刑的时候，可以充分考虑到人性本身的软弱。

最典型的就是帮助自杀的定刑问题。绝症缠身，生不如死，让女儿帮我买个药吧，我实在不想活了，女儿不断劝说、不断劝说，最后没办法，给妈妈买了瓶药。女儿的这种行为在我国法律中肯定是故意杀人，这种行为道德上肯定不鼓励，但会让人们产生同情，甚至觉得是可以容忍的。所以在量刑的时候，司法实践中通常都是判缓刑。

许：这个有意思，我们在碰到这样的案例时，会发现公众有一种朴素的正义之心，或者说道德之心。

罗：对。

许：但同时你又发现他们朴素的正义之心和道德感通常具有高度压迫性，并且这种压迫性会被新的技术所放大。我们在过去一些年中见到最明显的，就是大规模地通过网络来参与道德审判，甚至是正义审判。

罗：这就是为什么法律强调程序正义。只有强调程序，才能达到一种可见的正义，一种有瑕疵但人们更可能接受的正义。民众很多时候希望撇开程序，去追求他心目中的一种正义，结果这种正义执法会导致一种非正义。往往是善的愿望，把人们带入人间地狱。

我经常说的一句话是，法律要听从民众的声音，但要超越民众的偏见。民众对案件的议论是有意义的，因为这是一种正义表达。如果哪天民众对所有的案件都不再议论了，这也蛮可怕的，这证明司法跟民众生活、跟人的朴素情感完全脱节了，大家已经不管不问了。但所有来自民间的激情，洪流一般的正义感，一定要归置在法律和程序的框架内，这样正义的洪流才不会决堤。

许：但我们小时候都会迷恋这种结果正义、侠义之心。

罗：还是因为很长一段时间我们没有真正的法治传统，总觉得只要我的动机是好的，我就一定是好的。但是动机好，不代表结果好。而且我们从来都认为规则是针对别人的，规则不是针对自己的，强人一定是跳出规则之外的。为什么我们爱看武侠小说？因为我们觉得只有弱者才愿意遵守规则。我到现在都背得出李白的《侠客行》：赵客缦胡缨，吴钩霜雪明。银鞍照白马，飒沓如流星……你看多爽啊。

许：这种对放纵的迷恋是不是也和处境本身有关？比如大家喜欢孙悟空，喜欢令狐冲，其实是把那种正义的放纵或者说正义的宣泄，看作一种表达自由的方式。

罗：这就是为什么法治很大程度上是自上而下与自下而上相结合的过程。法治首先强调权力本身是要受到约束的，然后在这样一种约束的背景下，其他人慢慢地也会愿意去约束自己。它是一个双向的过程。另外，我们愿不愿意去谦卑地接受一种程序正义，即便这种正义是有瑕疵的，没有达到我们心目中的理想？

许：那有瑕疵的正义又是什么样的呢？

罗：总比没有正义要强，再说我们永远无法达到一种 100% 的正义。司法就是一个各方面利益平衡的过程，在某种意义上，我们可以把它看成一种妥协。就像我以前办过的一些案件，在很多人看来都是一种妥协后的正义，但是我至少知道这种妥协后的正义是许多力量角逐的结果，可能是在当前能够被接受的，如果我不想接受这种妥协，那最终可能就会是两败俱伤的结果。

许：这种认知的转变大概靠什么？

罗：还是法律的训练吧。因为法律的训练会不断提醒我们要警惕实体正义，要在程序中去追寻正义。换言之，我们建立的是一种游戏规则，最后由这个游戏规则来确定谁输谁赢。

许：所以正义可能是灰色的。

罗：嗯……我不能说它是灰色的，它不是纯色的。我们需要那种中间的立场，但是中间的立场永远是一种平衡。非此即彼的人生是很快意的，很浪漫的，但非此即彼的人生也是很危险的。

许：我们这条路走过来，看到杨继盛的传统、沈家本的传统，还聊到哈耶克、《大宪章》，这两个不同的世界对你来说怎么能够融合在一起呢？

罗：就像大学嘛，university，它其实是两个词拼在一起，一个是 universality，普遍性，一个是 diversity，多样性，也就是说多样性下一定有普遍性的共性，背后还是有一种精神，只是也许在细节层面上是完全不一样的。我相信无论是奥古斯丁、哈耶克还是沈家本，他们都在思考如何过有意义的一生，如何超越我们有限的精神，他们在这个意义上可能又是共通的。

许：对，但是回到法律这个系统，你会发现这是两套完全不同的思维方式、思想系统。

罗：也不能说没有这种普遍性，其实也有，因为法律本身是在追求一种秩序，严刑峻法也好，法治框架内限制权力也好，都是追求一种秩序。乐观主义者认为，保护秩序的力量一定是美好的，人类一定会建立一个越来越美好的世界，但悲观主义者从人类很多惨痛的经验出发，认为我们做不到的，放弃吧……但中间可能还有一种路径就是现实主义。现实主义就是承认我们是有限的，但是我们依然要做我们该做的事情，通过法律达至秩序，但是在达至秩序的过程中，还要对追求秩序的力量本身有所限制。

许：谁是你心中特别了不起的现实主义者？

罗：你要说……比如沈家本，我觉得在那种年代他肯定看到了比我们更悲伤的事情，但是他也坚定地走了下去。

许：沈家本他们写这些律令的时候列了这么多案例，你说他们看到那些人性的黑暗，是怎么应对的？

罗：我觉得还是得有一种对光明的向往，否则人只能被黑暗所同化。

许：有天我还跟朋友讨论一个问题来着，他认为追求美是天生的，但寻求正义、正直不是天生的。

罗：这个问题的核心在于，世上还存在着比美更高的东西，那就是永恒的公平、正义。

许：所以你认为乌托邦是必要的？

罗：理念上的乌托邦是有意义的，我们画不出那个完美的圆，但它是存在的。

许：某种意义上你仍然相信答案的存在，可能你也接近不到，但是你逼近它了。怎么说呢，我的感觉就是你非常努力在找那个绝对性。

罗：是啊。

许：会不会神经绷太紧，自我要求太高？

罗：也不是，其实我也不是一个特别严肃的人，对自己要求也不是特别严格，只是还是希望能够每天向着光明多一点。

许：我知道你不是特严肃的人。咱们下一个地方去万圣吧，是不是好久没去了？

罗：得有一年没去了，至少一年，疫情期间没去过。

在我的词典中，
勇敢是一个最高级的词

许：这一带我好久没来了，五道口过去不是宇宙中心吗？我记得很早以前还有光合作用书店、雕刻时光，你记得吧？

罗：对。

许：我住在紫竹院那会儿，周末下午会来这儿买一大堆书，把书拆封的时候特别开心，有一种非常美好的幻觉，它许诺你一个新世界，而且你误以为可以进入这个新世界。

罗：拆书是很快乐的。

许：刑法书你推荐哪一本呢？

罗：你要真看刑法就是贝卡里亚的《论犯罪与刑罚》了，1764 年写的，六万来字。

许：那就这本。我估计它会非常完美地放在我书架上一直不动。如果要举出一个非常杰出的法学人物，最鼓舞你的是谁呢?

罗:会想起很多人,像马丁·路德·金、甘地、林肯。

许:他们身上最触动你的是什么?

罗:勇敢。在我的词典中,勇敢是一个最高级的词。

许:我也是。

罗:因为我自己不够勇敢。而在人类所有的美德中,勇敢是最稀缺的。

许:当你愤恨自己不勇敢的时候,怎么办呢?

罗:愤恨没有用。只能希望命运之神把你推向必须勇敢的关口时,你能够像你想象中那么勇敢。

许:我也非常憎恨我身上的不勇敢。所以今天我们是两个胆怯的人,或者说是两个都认为自己胆怯的人在交流。

罗:是。但其实那一刻降临的时候自己会怎么样,还是不知道的……这本书也是我经常给学生推荐的,《为权利而斗争》[1]。

许:年轻人就容易被这种题目打动。

罗:这本书就像你所说的,是一本能够激荡人心的

---

[1]《为权利而斗争》,作者鲁道夫·冯·耶林(Rudolph von Jhering,1818—1892),19世纪德国乃至西欧最伟大的法学家、新功利主义(目的)法学派的创始人。耶林在书中指出,所有的权利都面临着被侵犯,要实现权利,就必须时刻准备着为权利而斗争。

书，但可能口号多于论证。

许：我那时候就是因为读了《光荣与梦想》[1]这类书进入新闻业的。我们这两个专业，做着做着没有了。当时咱们上学的时候是最欣欣向荣的两个专业。

罗：对，现在清华也没新闻专业的本科了。

许：我们俩其实是以不同的方式转到娱乐业中来，有时候觉得很荒唐。

罗：但是就在荒唐中寻找确定。娱乐本身还是一种手段，就看它能不能够传承一些东西了。

许：对，它势必有一个内核的东西。

罗：不是为了娱乐而娱乐，那样肯定流光一现。

许：你这么自省的人肯定也想过，为什么这一年好像突然之间舞台都把聚光灯打在了你身上。

罗：如果非得解释的话，我可能会觉得是在一个特殊的时候，民众内心对公平和正义的期待，在我的这些小视频中找到了回响。

许：你会觉得这种视频的呈现方式一方面能获得广泛传播，另一方面也许弱化了你要表达的东西吗？

罗：也许吧，但人要接受事与愿违啊。我们太有限

---

[1]《光荣与梦想：1932—1972年美国实录》一书，由美国历史学者威廉·曼彻斯特（William Manchester，1922—2004）所著，从1932年罗斯福总统上台前后一直写到1972年的水门事件，勾画了40年间的美国历史。

了，我们只能做我们认为对的事情，然后接受它的事与愿违。

许：应该有人和你说过吧，你讲话有种冷幽默的。

罗：我这也不是刻意训练出来的，就是有的时候你冷不丁会发现生活的荒谬，这种荒谬让你哑然失笑。

许：你的语调，讲话的速度，然后突然有某种变形，就带来这种效果。你创造了自己的小舞台剧，这种方式一下子就被年轻一代 get 到了，对他们来说很有趣。

罗：确实是没想到。我本来觉着这个最多就是法律专业的同学会看，确实没想到它会跳出法律之外。

许：在培养法律意识的过程中，叙事的重要性有多大呢？比如说你在教学之中其实就完成了一个新的叙事，故事里的张三也是叙事中很重要的一部分。

罗：人都是喜欢听故事的，尤其干巴巴的法律，只有通过叙述故事才能真正吸引到人。每个案例都是一个故事，而在每个故事中你会发现世间万物的丰富多样性，在这丰富多样的故事中，你又可以找到一根线把它串联起来，那就是人类对普遍正义的一种期待。我想做的，就是希望帮助大家寻找到这根线。

许：在这个时代做一个启蒙者，是什么感觉？

罗：不知道。我也谈不上一个启蒙者。

许：那么做一个知识的传授者，是什么感觉？

罗：这可能是每个知识分子都要经历的一个过程吧，就像苏格拉底所说的，做"城邦中的牛虻"。不过法律天性是不讨好的，对我们法律人而言，这个"牛虻"是一种"双向牛虻"：一方面，我们是城邦的"牛虻"，要对权力保持警惕；另一方面，我们是民众身上的"牛虻"，要提醒他们激情的界限。

许：同时还要警惕自己这个"牛虻"不要有太强的个人崇高感。

罗：对。

许：我们去喝点东西吧，边喝边聊。我要一瓶啤酒。

罗：我不喝。

许：真的不喝吗？你这么自律。

罗：不是自律，我一喝就怕喝多，所以不喝。

许：你喝多了什么样？

罗：话特别多，本来话就特别多。

许：其实你比我想象中的谨慎。

罗：还好了，有些场合可能就会更谨慎。

许：但我们现在变得那么谨慎，真的是我以前从来没想到的，很烦。

罗：我到现在还是接受不了这种身份的转化，因为我从来没觉得自己是个公众人物，但现在确实私人空间和工作空间的区分比较麻烦。

许：微博上的那场风波，对你来说是不是还挺烦的？

罗：当天确实很郁闷，所以在情绪之下就暂退了。结果就在第二天，我坐火车的时候碰到了一个朋友，而且是我很好的朋友，居然能在坐火车的时候碰到他。他说，你看别人对你有那么多赞誉，你觉得合适吗？我说，肯定愧不敢当。他说，明知别人对你的表扬名不副实，你也很开心，那么别人对你的批评名不副实时，你又何必深信呢？你这不就是典型的双标吗？我说有道理，都是误解。

许：双标是人生的常态嘛。之前你的舞台是讲台，而现在是由视频、弹幕、社交媒体构成的这么一个舞台，现在对这个新的舞台，你适应了吗？或者说厌倦了吗？

罗：谈不上厌倦吧。我觉得每一个舞台都有它的意义，但是对这个意义又不要过于高估，以至于太留恋。你就做好它所赋予你的、你想去做的事情，有一天别人说"够了，下去"，那你下去就好了。

许：所以你也不会有那种感觉，觉得好像大家真的因为我而对法律世界产生了新的兴趣？

罗：我没有这种幻觉。我始终告诫自己，人能真正影响到的人，其实很少很少。很多人所谓被你影响，只是片刻的感动。你能真正影响到的人一定是你愿意在他身上投入大量时间的、跟你有真正接触的人。

许：现在 43 岁的罗翔，这种对过分的自我的警惕，对理性的警惕，包括对技术主义的警惕，在 30 岁的罗翔或者 20 岁的罗翔身上有吗？它是慢慢转变的吗？

罗：当你真正经历了一些生离死别，目睹亲人所遭遇的一些苦楚，那个时候你就真的承认人的力量是很有限的，承认你的理性是有限的，承认你的阅读是有限的，承认你整个人就是在偏见之中，你这一生就是在走出偏见。

而且人最大的痛苦在于什么呢？我觉得，人最大的痛苦就是无法跨越知道和做到之间的鸿沟。你思考过深刻的东西，你说过深刻的东西，你为自己所说的而感动，你就觉得自己好像做到了。但很多时候，这是一种自我感动，尤其对我这种做老师的人，你得问自己，你教导学生的东西，你自己能不能做到。

许：你会担心，做老师会造成一种新的自我蒙蔽吗？我是说，比如总会有人聆听你说话，比如语言会过分顺畅，等等。

罗：有啊，因为人真的很容易自我欺骗嘛。就像米兰·昆德拉所说的第二滴眼泪吧，被自己的感动所感动，我们很多时候写作、讲课、演讲都属于被自己的第二滴眼泪感动。

许：他说这是坏品位的标志。

罗：对，但人又很难不流下第二滴眼泪。

许：坏品位多么有诱惑力啊，好品位需要一个很艰苦的训练。

罗：其实在 2010 年之前，我在学校教课的时候效果也比较好。2008 年，入校第三年，我就成为最受本科生欢迎的十大老师之一，那个时候有一种强烈的骄傲感，会觉得自己很厉害。但与此同时，内心深处也会有一种冲突，因为你知道，你教的东西你自己都做不到，你是在骗别人，还是骗年轻人。所以有一段时间就觉得很虚无。

许：那次危机你怎么应对过去的呢？

罗：从那个时候起，我给自己定的功课就是——让行动在言语之前能够多走那么一步。当然虚伪是肯定的，人活不到那么清澈。

许：以前我们是崇拜知识的，但是慢慢会觉得，知识跟现实行动之间有巨大的脱节，这个后果很严重。

罗：对，就是你没法做一个整合化的思考，你整个人是割裂的，对一切陷入怀疑，会觉得知识本身可能就是一种智力游戏，它对自己的生活没有任何意义。所以需要一群志同道合的人，需要一些行动，哪怕是做一些小小的事情。

许：我觉得我这两年很大的一个变化是，做这个节目之后，遇到很多人，他们有种本能的力量，跟思想建构这些都没关系，他们让我更强地意识到行动的重要性。有句话忘记是谁说的，我觉得好有道理，"行动是思想的灵魂"。

罗：对啊，帕斯卡尔也说过类似的话，一点点爱心的行动，比所有关于爱的论述更重要。其实不需要你敞开你家的粮仓，就是你给他人一滴水，也能够感到很快乐。

许：最近有什么行动？

罗：最近呢，说起来很惭愧，该做的事情都没有去做，因为太忙了。

许：以前每年都要帮做两个案子是吧？

罗：会做啊，但是今年也没时间做。

许：到目前为止，你遇到的最大的困难是什么呢？

罗：还是感觉大家会泛娱乐化，就是为了幽默而幽默，而没有注意到幽默背后沉重的东西，以及对于正义的渴望。

许：但这一切好像很难改变。

罗：我发现这是我们时代的一个常态，你所做的一切不可能超越这个时代。每一个时代都会给每一个人特定剧本，作为法律人，我们拿到了这个剧本，把它演好，也许有一天演不下去了，有的时候我们就是力量很有限啊。

许： 你不断地说要承认我们自身的有限性，这本身是不是也是一种过度的自我保护呢？因为这样的话可能会很安全。

罗： 可能吧。但在某种意义上，这也确实是我自己真实的想法。我始终认为我们不可能追求到绝对善，但是我们也不能因此而倒向相对主义，我们依然可以做一些有瑕疵的事。至少我现在觉得自己所做的事情是有意义的，至于这种意义到最后是不是会导致意义本身的消解，导致意义的降低，我真的不知道。所以我们更需要一个定海神针，没有这个定海神针，万物就会分崩离析，人甚至会走向他的反面。比如现在大家都是不自由毋宁死，结果互相 PK，发现我们都在为自由而战，最后成了敌人。

许： 这不就是我们生活中的常态吗？

罗： 对啊，这就是很悲哀的一件事情，你真诚所热爱、所为之战斗的东西，结果发现你是在为它的反面而战斗。因为人总是有那种幻觉，人想揭晓答案，人想有那种通神的感觉，人想看到整个世界的途径，这是我们的诱惑之所在。

许： 那你找到你的定海神针了吗？

罗： 希望如此。

许：大部分人是希望把定海神针变成金箍棒的吧，也不需要金箍棒，可能跟八戒想的差不多。八戒还真的就是我们人生的真实模样，然后我们又特别渴望有沙僧的道德感，有孙猴子的自由和本事，再加上唐僧的家庭出身。但这一切终究会吞噬你。

罗：肯定啊，当这么多诱惑摆在你的面前时，人性是抵御不住的。

许：你最近抵御得还好吗？

罗：我不知道。每天能够战胜一点就挺好的，也不去想明天是否能继续战胜。经验告诉我们，当你抵制了自己内心的一些诱惑，你会感到很开心。当被自己的诱惑所裹挟，其实短暂的快乐给你带来的是长久的痛苦。

许：我发现我们俩很不一样，我骨子里是很乐观的。

罗：是吧，我其实挺悲观的，我一般碰到问题时先想最坏的，那现在能够跨出这一步，就是从悲观走到现实。

许：忽然觉得你内心的挣扎好多啊，比我多多了。

罗：这是一个纠结的人生。